Elke Gulden / Bettina Scheer

Singzwerge & Krabbelmäuse

Frühkindliche Entwicklung musikalisch fördern mit Liedern,
Reimen, Bewegungs- und Tanzspielen für zu Hause,
für Eltern-Kind-Gruppen, Musikgarten und Krippen

Illustrationen: Mile Penava

Ökotopia Verlag, Münster

Impressum

Autorinnen: Elke Gulden / Bettina Scheer

Illustrationen: Mile Penava

Satz: Druckvorstufe Hennes Wegmann, Münster

ISBN: 978-3-936286-36-6

8. Auflage 2011
© 2004 Ökotopia Verlag, Münster

Viele Lieder dieses Buches gibt es auf der CD
von Ralf Kiwit, Elke Gulden und Bettina Scheer:

Singzwerge & Krabbelmäuse
Kleine Kinder spielend bewegen mit Musik
– für Eltern-Kind-Gruppen, Musikgarten, Krippen und zu Hause

ISBN: 978-3-936286-37-3

Empfohlen vom
Berufsverband staatlich geprüfter
Gymnastiklehrerinnen und -lehrer

DEUTSCHER
GYMNASTIKBUND
DGYMB e. V.

„Ein einfühlsames Sing-, Spiel- und Bewegungsbuch für Eltern und PädagogInnen zur optimalen Förderung frühkindlicher Entwicklung und zur ganzheitlichen Unterstützung der Persönlichkeitsentfaltung.

Wir bedanken uns...

bei allen, die den Grundstein zu diesem Buch über die vergangenen Jahre gelegt haben: den Kindern in unseren unzähligen Kursen, die mit uns viele Ideen ausprobiert haben und uns zahlreiche Anregungen gaben, den Eltern für ihr Vertrauen in unsere Arbeit sowie den akademischen Beratern, die uns mit ihrem wissenschaftlichen Hintergrund zur Seite gestanden haben. Dank geht natürlich auch an den Ökotopia Verlag, insbesondere an unsere Lektorin Frau Katrin Röntgen für ihre sehr guten Anregungen und Diskussionen.

Elke Gulden dankt ihren Freunden und ihrer Familie für die Geduld, die Unterstützung und den regelmäßigen Gedanken- und Erfahrungsaustausch in dieser arbeitsreichen Zeit, insbesondere ihrem Lebenspartner Martin für seine Geduld und seine Anregungen und ihrer Freundin Carola für ihre Hilfe.

Bettina Scheer dankt ihrer Familie für die liebevolle Unterstützung während der Erstellung des Buches, die manche Entbehrung, aber auch viele Belohnungen mit sich brachte: ihrem Mann Udo für stetige Aufmunterung, die „Sicht der Väter" und die technische Unterstützung, ihrer Mutter, Gardy Bruch, als kritischem Geist und unermüdlicher Omi und nicht zuletzt ihren beiden Söhnen Sebastian Cedric und Daniel Laurin als immer willige Tester und beste Beispiele dafür, dass frühkindliche Förderung alle Anstrengungen wert ist.

Bad Soden/Leinfelden-Echterdingen im April 2004

Inhalt

Spielen ist Lernen! 4

Ganzheitlich fördern 5
Intelligenz 6
Wahrnehmung 6
Motorik 7
Sozialverhalten 8
Sprache 10
Musikalität 11
Emotionalität 12
Kreativität 13

Spielgruppenarbeit 14
Die Gruppenstunde 16
Der Stundenaufbau 18

Begrüßungs- und Abschiedslieder 21

Strampelspiele und Kniereiter 30
Strampellieder und –verse 30
Kniereiter und Schoßspiele 34

Körperspiellieder 39

Fingerspiele 49

Bewegungs-, Kreis- und Tanzspiellieder 61
Bewegungslieder 61
Kreis- und Tanzspiellieder 79

Spiellieder mit Instrumenten 92
Klanggeschichten mit einem Instrument 103
Klanggeschichten mit mehreren Instrumenten 105

Ruhelieder 109

Bastelideen 117

Anhang 125
Register 125
Die Autorinnen 126
Der Illustrator 126

Spielen ist Lernen!

Kinder haben Spaß am Spielen, Singen, Bewegen und Basteln. Sie sind von Natur aus neugierig und wissbegierig. Sie wollen ihre Umwelt erforschen. Kurz: Sie wollen lernen.

Für uns Erwachsene ist der Begriff „Lernen" oftmals mit Pauken und Auswendiglernen verbunden und steht im Gegensatz zu Freude und Spaß. Bei Kindern ist das anders: Sie lernen spielerisch. Sie machen nichts lieber als neue Dinge auszuprobieren und sind mit großer Begeisterung dabei. Es ist eine weit verbreitete Fehleinschätzung zu glauben, Spielen und Lernen seien zwei unterschiedliche Tätigkeiten, die sich nicht miteinander in Einklang bringen lassen. Jean Piaget (1896-1980), der Schweizer Jugendpsychologe, fasst zusammen: „Spielen ist Lernen!"

Womit immer wir uns beschäftigen, was immer wir tun, es wird von unserem Gehirn verarbeitet. Es entwickelt sich im gesamten Lebensverlauf weiter und erreicht nie einen definierten Sollzustand. Dabei ist das Gehirn in den ersten Lebensjahren besonders aufnahmefähig. Nichts ist daher sinnvoller, als die Neugier und den Spieltrieb der Kinder sowie die ständige Aktivität des Gehirns miteinander in Verbindung zu bringen. Damit wird den Kindern die wunderbare Gelegenheit geboten, quasi nebenbei mit viel Spaß und Freude für ihr Leben zu lernen.

Das vorliegende Buch wendet sich an engagierte Eltern, die gerne mit ihren Kleinkindern zuhause singen, spielen und musizieren, an Spiel- und Krabbelgruppen, die mit den Kleinen gemeinsam aktiv sein wollen, an ErzieherInnen in Krippen ebenso wie an Musikschulen.

Es enthält neben einem kurzen theoretischen Einstieg zahlreiche Spiellieder und Verse, in denen die Kategorien Sprache, Bewegung und Musik miteinander verbunden sind. Bei dieser Förderung der kindlichen Entwicklung steht nicht Wissensvermittlung im Vordergrund, sondern das Ziel, den Kindern vielfältige Sinneserfahrungen zu ermöglichen.

Die Kategorien Sprache, Bewegung und Musik basieren auf den vier Grundelementen Zeit, Raum, Kraft und Form. Nur durch ein entsprechendes altersgerechtes Erfahrungsangebot in diesen Be-reichen ist eine ganzheitliche und „sinn-volle" Förderung von Kindern möglich. Nur so können Wahrnehmungen vom kindlichen Gehirn integriert und auf spielerische Art und Weise in Wissen umgewandelt werden.

Um die altersgerechte Förderung zu erleichtern, sind alle Angebote mit einer Altersangabe versehen. Diese Angaben sind grundsätzlich als grobe Richtlinie zu verstehen, da jedes Kind sein eigenes Lerntempo hat und den Zeitpunkt seiner nächsten Entwicklungsstufe selbst bestimmt. Gleichzeitig gilt, dass auch 24 Monate alte Kinder noch ein Fingerspiel lieben, das motorisch und sprachlich im Durchschnitt ab 12 Monaten anwendbar ist.

Wir wünschen Ihnen viele schöne Stunden und viel Freude beim Spielen mit den Kleinen. Und seien Sie versichert: Die Kinder werden Ihnen sofort ein ehrliches Feedback geben!

Auch wir freuen uns übrigens über eine Rückmeldung: Sie erreichen uns unter: **buch@abenteuersinne.com**

Ihre

Bettina Schuur
Eine Julden

Ganzheitlich fördern

Unter „ganzheitlicher Erziehung" wird die Förderung von Körper, Geist und Seele verstanden. Um ganzheitliche Förderung zu erreichen, ist die Verknüpfung der drei Elemente **Musik, Sprache und Bewegung** optimal, da diese drei Elemente untrennbar miteinander verbunden sind.

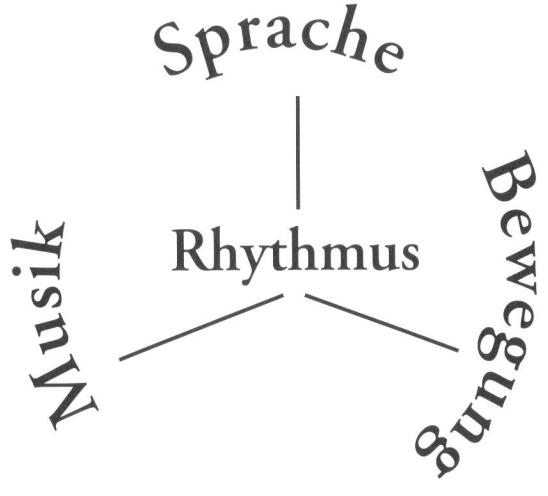

Offensichtlich sind die Verbindungen zwischen **Bewegung und Musik**, denn ohne motorische Abläufe wären Gesang, Tanz und das Spielen von Instrumenten nicht möglich.

Auch **Bewegung und Sprache** sind nicht losgelöst voneinander zu betrachten. Jeder kognitiven Erkenntnis liegt eine Bewegungserfahrung zu Grunde, und motorische Abläufe begleiten unser ganzes Tun. So wären ohne entsprechende motorische Abläufe weder Sprechen noch Schreiben möglich, denn ohne Mundmotorik können keine Laute gebildet und ohne Handmotorik keine Buchstaben geschrieben werden. Auch die Körpersprache, die in der zwischenmenschlichen Kommunikation eine bedeutende Rolle spielt, ist auf das Anspannen und Entspannen bestimmter Muskelgruppen angewiesen. Die Verbindung von Bewegung und Sprache zeigt sich auch darin, dass viele Menschen beim Erzählen mit den Händen gestikulieren. Gesten und Zeichen helfen uns ebenfalls an den Stellen, an denen uns die Worte fehlen.

Die Verbindung von **Sprache und Musik** ist auf den ersten Blick beim Gesang sichtbar. Verknüpfungen finden sich allerdings auch im Bereich der Wortbildung. So leitet sich der Begriff „Person" von dem lateinischen Wort „personare" ab, was soviel bedeutet wie „durchtönen", „durchklingen". Zahlreiche weitere Begriffe aus der Musik haben wir in unsere Sprache übernommen, z.B. „die Erkältung klingt ab", etwas wird „an die große Glocke gehängt", jemand ist „zart besaitet", „wir hauen auf die Pauke" usw.

Darüber hinaus gibt es noch weitere Verknüpfungen, denn für das Verständnis eines Satzes spielt neben dem Produzieren und dem inhaltlichen Erfassen von Wörtern die Sprachmelodie eine ebenso entscheidende Rolle.

Neben der Melodie ist der **Rhythmus das Grundelement der Musik**. Der Kreis schließt sich an dieser Stelle, da **Rhythmus ebenfalls die Basis von Sprache und Bewegung** darstellt. Ohne Sprachrhythmus wäre keine verbale Kommunikation und ohne Bewegungsrhythmus keine harmonische Fortbewegung möglich.

Der Mensch existiert in den **vier Grundelementen Zeit** (kurz – lang, langsam – schnell), **Raum** (hoch – tief, weit – eng), **Form** (Anfang – Ende, rund – eckig, gerade – kurvig) und **Kraft** (schwer – leicht, laut – leise, Spannung – Entspannung). Es sind eben diese Elemente, auf denen Sprache, Bewegung, Musik und auch Rhythmus basieren. Deshalb ist es von größter Wichtigkeit, Kindern ausreichend sprachliche, motorische und musikalische Erfahrungen zu ermöglichen. Die Inhalte dieses Buches bieten den Kindern diese Möglichkeiten. Hauptsächlich unterstützen die Lieder, Verse und Fingerspiele die kindliche Entwicklung in den nun folgenden Bereichen.

Intelligenz

Bereits bei der Geburt verfügt der Mensch über die gleiche Anzahl von Nervenzellen wie der Erwachsene. Was sich nun im Laufe des Lebens entwickelt, ist die Anzahl der Verbindungen der einzelnen Zellen untereinander. Sehr vereinfacht ausgedrückt, ist Intelligenzentwicklung die Ausbildung eben dieser Verbindungen. Wann immer sich ein Kind mit etwas Neuem auseinandersetzt, entwickeln sich im Gehirn neue Zellverbindungen. Dabei bilden sich unterschiedliche Areale aus, von denen jedes einen eigenen Aufgabenbereich bearbeitet.

Für die Entwicklung des Gehirns sind u. a. die Verbindungen zwischen der linken und der rechten Großhirnhälfte entscheidend. Diese Verbindungen entstehen, wenn beide Großhirnhälften gleichzeitig angesprochen werden. Dies ist z.B. der Fall, wenn Musik und Sprache miteinander verbunden werden. Der Grund dafür liegt darin, dass ein Groß-teil der musikalischen Elemente von der rechten Hemisphäre verarbeitet wird (ebenso Vorstellungskraft, Kreativität, räumliches und bildhaftes Denken), während bei den meisten Menschen die Sprache (sowie das logische Denken, das Abstraktionsvermögen und das Zahlenverständnis) in der linken Hemisphäre verarbeitet wird. Wann immer Kinder singen, tanzen und musizieren, arbeitet ihr Gehirn auf Hochtouren.

Später wird beispielsweise das Lesen- und Schreibenlernen durch das Zusammenspiel der beiden Gehirnhälften unterstützt. Dazu sind Vorstellungskraft und Kreativität (rechte Großhirnhälfte) sowie Abstraktionsvermögen und logisches Denken (linke Großhirnhälfte) notwendig. Die linke Hälfte verarbeitet das Detail, in diesem Beispiel den einzelnen Buchstaben, während die rechte das Gesamtbild, also das Wort, überblickt.

Wahrnehmung

„Nur wenn wir unsere Sinne ernst nehmen, leben wir sinnvoll."

Friedrich Nietzsche

Folgende sieben Sinne werden unterschieden:

1. Sehsinn (visuelle Wahrnehmung)
2. Hörsinn (auditive Wahrnehmung)
3. Tastsinn (taktile Wahrnehmung)
4. Gleichgewichtssinn (vestibuläre Wahrnehmung)
5. Geschmackssinn (gustatorische Wahrnehmung)
6. Geruchssinn (olfaktorische Wahrnehmung)
7. Bewegungssinn / Muskelsinn (kinästhetische Wahrnehmung)

Niemals ist nur ein Sinn aktiv. Es findet immer ein Zusammenspiel mehrerer Sinne statt. Am Beispiel des Ballspielens wird dies deutlich: Das Kind folgt dem Ball mit den Augen (Sehsinn) und berührt ihn mit den Händen, den Füßen oder anderen Körperteilen (Tastsinn). Auch der Hörsinn wird angesprochen, wenn der Ball auf den Boden oder gegen eine Wand prallt. Beim Werfen und Fangen muss das Gleichgewicht gehalten werden und der Bewegungssinn teilt den Muskeln mit, mit wie viel Kraft der Ball geworfen werden muss, um bei seinem Spielpartner anzukommen und nicht in der Fensterscheibe oder in Nachbars Garten zu landen. Unsere Sinne stellen ein fantastisches Team dar. Damit dies allerdings immer funktioniert, müssen die Sinne geschult werden. Je größer die Sinneserfahrung und damit die Sinnesschärfung eines Kindes ist, desto vielfältiger sind seine Entwicklungsmöglichkeiten. Je schneller es dem Gehirn gelingt, Wahrgenommenes (Aktion) an die richtigen Hirnareale weiterzuleiten (Koordination), desto „sinnvoller" erfolgt die Umsetzung (Reaktion). Alle Lieder, Verse und Spielaktionen in diesem Buch öffnen die Sinnessysteme der Kinder, denn sie brauchen ihre Sinne, um im Leben erfolgreich bestehen zu können.

Motorik

Wir lernen
10% von dem, was wir hören,
30% von dem, was wir sehen,
50% von dem, was wir hören und sehen,
70% von dem, was wir lesen und schreiben und
90% von dem, was wir tun!

Der Begriff „Motorik" umfasst alle menschlichen Bewegungen, wobei zwischen Grob- und Feinmotorik unterschieden wird.

Die motorische Entwicklung des Menschen beginnt mit der Geburt und ist mit dem 7. Lebensjahr weitestgehend abgeschlossen. Diese Phase wird als „sensomotorische Phase" bezeichnet. Der Begriff „sensomotorisch" setzt sich aus den Wörtern „motorisch" und „sensorisch" (die Sinnesorgane betreffend) zusammen und macht deutlich, dass Kinder ihre Umwelt erkunden, indem sie sie „be-greifen". In diesem doppelten Wortsinn wird die enge Verbindung zwischen Intelligenzbildung und Motorik fassbar. Ein verblüffendes Beispiel verdeutlicht dies sehr anschaulich: Nur wer rückwärts laufen kann, kann auch rückwärts zählen!

Grobmotorische Bewegungsabläufe sowie deren Koordination werden besonders im Kapitel „Bewegungs-, Kreis- und Tanzspiele" gefördert. Bei der Auswahl der Lieder wurde darauf geachtet, dass alle Bewegungsarten, die Kinder im Alter bis zu 3 Jahren motorisch umsetzen können, eingeführt werden. Dazu zählen: Rollen, Robben, Kriechen, Gehen, Laufen, Hüpfen und Rückwärts an der Hand Gehen.

Das Vormachen unterschiedlicher Fortbewegungsarten während der Bewegungsspiele motiviert Kinder zum Nachahmen. Sie lernen neue Ausdrucksmöglichkeiten kennen und die Körpererfahrung wird geschult. Die positive Selbsterfahrung fördert zudem die Selbstständigkeit und das Selbstbewusstsein der Kinder.

Auch die Entwicklung der Feinmotorik beginnt früh: Bereits im Neugeborenenalter beginnen Babys mit ihren Fingern zu spielen. Anfangs werden sie mit dem Mund ertastet, aber bereits mit wenigen Wochen öffnen und schließen die Kleinen ihre Hände und verfolgen diese Vorgänge genau mit den Augen. Babys lieben es, mit 9 bis 12 Monaten nach Gegenständen zu greifen und sie auf den Boden zu werfen. Es ist eines der beliebtesten Spiele, wenn sich jemand bereit erklärt, den Kleinen die Sachen immer wieder aufzuheben. Dabei geht es den Kindern nicht darum, den Mitspieler zu ärgern, wie oftmals auf der anderen Seite vermutet wird. Die Kleinen üben sich bei diesem Spiel vielmehr im Loslassen, denn es ist für Babys wesentlich einfacher, etwas zu ergreifen, als die Finger wieder zu öffnen und zu entspannen, um den Gegenstand fallen zu lassen.

Mit 1 bis 2 Jahren beginnen Kinder mit Begeisterung Papier zu zerreißen und mit den kleinen Schnipseln zu spielen, und bereits mit 2 bis 3 Jahren können Kinder die Handhabung einer Schere koordinieren. Das Zusammenspiel dreier Finger beim Schneiden ist ein wunderbares Beispiel für die Ausbildung der Feinmotorik. (Erfahrungsgemäß haben manche Eltern Bedenken, ihren Kindern in diesem Alter eine Schere in die Hand zu geben. Altersgemäße Kinderscheren, die vorne abgerundet sind, eignen sich jedoch sehr gut. Im Handel gibt es auch Plastikscheren, die zwar nur Papier schneiden, dafür aber jede Schnittgefahr ausschließen.) Das Kapitel „Bastelideen", in dem wir kleine thematische Zusatzangebote zu einigen der Lieder machen, bietet viel Raum zur Entwicklung dieser und anderer feinmotorischer Fertigkeiten wie z.B. die Koordination von Auge und Hand bei Auffädelspielen.

Auch die Kapitel „Fingerspiele" und „Spiellieder mit Instrumenten" schulen die Feinmotorik. Während es bei den Fingerspielen darum geht, die Finger und Hände geschickt in bestimmte Positionen oder gar in einer bestimmten Reihenfolge zu bewegen, verlangt das Instrumentenspiel zum einen eine gute Auge-Hand-Koordination (z.B. beim Aneinanderschlagen der Klanghölzer) und zum anderen eine genaue Handhaltung (s. S. 92f.). Wird der Glockenspielschlegel anfangs mit der ganzen Faust gehalten, klingen die schönsten Klangstäbe nicht. Da das kindliche Ohr den klanglichen Unterschied registriert, dauert es erfahrungsgemäß nicht lange, bis die Kinder den Schlegel mit lockerem Handgelenk greifen. Sprachliche Erklärungen sind überflüssig, die Feinmotorik bildet sich hier automatisch aus.

Sozialverhalten

Im Einzelspiel tauchen Kinder in ihre eigene Welt ab. Sie versinken in ihrer Fantasie und verarbeiten dabei Erlebtes. Außerdem haben sie Zeit, ungestört interessante Dinge zu erkunden und zu erforschen. Dies ist für Kinder sehr wichtig. Genauso wichtig für ihre Entwicklung ist allerdings das Spielen zu zweit mit einem Erwachsenen oder einem anderen Kleinkind sowie das Spielen in einer Gruppe. Jeder dieser Konstellationen liegt ein anderer Förderschwerpunkt sozialen Verhaltens zu Grunde.

Eltern – Kind

Eltern haben beim Spielen mit Kindern ganz bewusst eine Vorbildfunktion inne. Sie beteiligen sich aktiv und geben dem Kind dadurch die Möglichkeit, durch Beobachten und Nachahmen zu lernen. Bestimmte Spiellieder fördern das soziale Miteinander wie z.B. das Teilen und Abgeben auf spielerische Art zu erlernen, andere zu akzeptieren und vor allem auch die Wünsche anderer zu respektieren. Für das Lied „Wenn du mich einlädst" (s. S. 71) erhalten Eltern und Kinder jeweils ein Tuch, das im Laufe des Liedes getauscht wird. Wird das Lied in einer Gruppe gesungen, ist es interessant zu beobachten, welche Entwicklungsstufen die Kinder dabei durchmachen. Zu Beginn fällt das Abgeben so schwer, dass es kaum funktioniert. Jedoch bereits beim zweiten Versuch geben einige Kinder ihr Tuch bereitwillig dem eigenen Elternteil – allerdings erst, sobald sie das Tuch der Mutter oder des Vaters in der Hand halten. Erst in der dritten Entwicklungsstufe tauschen die Kinder ihr Tuch auch untereinander.

Kind – Kind

Ab ca. 6 Monaten beginnen Babys sich gegenseitig wahrzunehmen und zu beobachten. Mit der motorischen Fertigkeit des Fortbewegens, sei es Robben, Krabbeln, Sich Drehen o.Ä., beginnt die Interaktion der Kinder. Sie sind jetzt in der Lage, sich selbst das Spielzeug zu holen, das ihnen gefällt. Oft richten sie ihre Aufmerksamkeit auf einen Gegenstand, mit dem sich gerade ein anderes Kind beschäftigt. Erste Reibungskonflikte sind damit bekanntlich vorprogrammiert: Jeder macht – je nach Temperament mehr oder weniger impulsiv – seine Besitzansprüche deutlich, und ganz gleich, wer zum Schluss das Spielzeug in den Händen hält, in fast jedem Fall wird es auf mind. einer Seite zu lautem Protest kommen.

Grundsätzlich müssen Kinder die Gelegenheit haben, Konflikte selbst zu lösen. Allerdings brauchen besonders die Kleinsten an dieser Stelle noch Unterstützung von den Erwachsenen. Damit es dabei nicht unter den Eltern zu Streitigkeiten kommt, ist es sowohl für Gruppen als auch für Spielnachmittage zuhause ratsam, vorher gemeinsam Regeln festzulegen: Welches Kind hat wie lange ein Anrecht auf ein Spielzeug? In welcher Situation wird getauscht? Wann und wie wollen die Eltern eingreifen?...

Der Charakter einer Auseinandersetzung um ein Spielzeug ist auch abhängig davon, ob der Gegenstand einem der beiden Streitenden, einem unbeteiligten Kind oder vielleicht einer Institution gehört. Obwohl in festen Spielgruppen in der Regel „neutrales" Spielzeug zur allgemeinen Verfügung steht, hat sich die Methode bewährt, dass immer abwechselnd ein Elternteil mit dem Kind in regelmäßigen Abständen Spielsachen von zuhause mitbringt.

Dies hat mehrere Vorteile: Zum einen steht jede Stunde eine andere Auswahl an Spielsachen zur Verfügung und die Sachen sind sauber und in Ordnung. Zum anderen wird das Sozialverhalten nochmals sehr intensiv angesprochen, denn ein Kind lernt, sein ganz persönliches Eigentum mit den anderen Kindern zu teilen.

Erfahrungsgemäß braucht jedes Kind ein bis zwei Gruppenstunden, bevor das freie Spielen ohne Protest des „Gastgebers" möglich ist. Eltern sollten die mitzubringenden Spielsachen stets mit dem Kind gemeinsam aussuchen. Im ersten Lebensjahr begreift das Kind diesen Vorgang sicherlich noch nicht. Ist es aber im Kinderzimmer anwesend und schaut der Mutter oder dem Vater beim Einpacken zu, die ihr Tun selbstverständlich sprachlich kommentieren, so entwickelt sich langsam ein Ritual, und mit der Zeit hilft das Kind beim Aussuchen mit.

Auch Angebote bestimmter Spielmaterialien ermutigen das gemeinsame Tun der Kinder schon früh. Bereits mit 18 bis 24 Monaten lässt sich z.B. beobachten, wie drei bis vier Kinder gemeinsam versuchen, aus großen Schaumstoffwürfeln einen Turm zu bauen oder sie aneinander zu reihen, um damit Eisenbahn fahren zu können. Es ist immer wieder schön zu beobachten, wie schnell Kinder lernen, aufeinander zu achten und auch Rücksicht zu nehmen.

Kind – Gruppe

Das Spielen in einer Gruppe mit regelmäßigem Ablauf und gemeinsamen Aktivitäten bietet dem Kind die Erfahrung, sich als Teil eines Ganzen zu erfahren. Wird ein Begrüßungslied gesungen (s. S. 21ff.), erfährt sich das Kind bereits hier durch die persönliche Begrüßung als Teil einer Gruppe.

Zu einer Gruppe zu gehören bedeutet Rücksicht zu nehmen und zu warten, bis die Reihe an einem selbst ist, dann aber auch die Erfahrung, wie es ist, im Mittelpunkt zu stehen. Besondere Spiellieder wie z.B. „Kommt her, kommt her" (s. S. 87) setzen dies spielerisch um.

Generell sind vor allem Kreisspiele dazu geeignet, ein Gemeinschaftsgefühl herzustellen: Alle Kinder können sich gegenseitig ansehen, halten sich meist an den Händen und bilden dadurch einen geschlossenen Kreis, in dem alle Platz finden. Kinder, die keine Lust zum Kreisspiel haben, müssen selbstverständlich nicht mitmachen. Sie stehen außerhalb des Kreises und schauen den anderen beim Tanzen zu. Dies ist allerdings auch die einzige Alternative – die Gruppe hat sich zum Tanzen entschieden und es gibt nur Mitmachen oder Zuschauen.

Eine harmonische Gruppe, in der sich ein gutes Gruppengefühl entwickelt hat, vermittelt den Kindern ein Gefühl von Geborgenheit und Getragen werden.

Eltern – Eltern

Eltern übertragen die Maßstäbe aus unserer Leistungsgesellschaft häufig auf die Entwicklung ihrer Kinder, um sich gegenüber anderen Eltern zu profilieren. Manchmal entsteht dadurch ein regelrechter Wettstreit darüber, wer das „beste" und „intelligenteste" Kind hat.

Ob ein Kind mit 12 Monaten sicher frei läuft oder mit 15 Monaten die ersten Gehversuche unternimmt – hierfür gibt es keinerlei angemessene Bewertungsmaßstäbe. Jedes Kind hat sein persönliches Tempo und jeder Zeitpunkt ist der richtige. Die Toleranz, die später von unseren Kindern einmal erwartet wird, muss ihnen schon an dieser Stelle vorgelebt werden. Ein falscher Ehrgeiz der Eltern lässt ein harmonisches Miteinander niemals aufkommen, und diese Harmonie ist entscheidend für eine Atmosphäre, in der sich Eltern und Kinder wohl fühlen. Daher sollte *jeder* Entwicklungsschritt eines Kindes gebührend bewundert und gelobt werden.

Sprache

Die kindliche Sprachentwicklung beginnt mit ca. 3 Monaten. Um diesen Zeitraum herum fängt das Kind bewusst an, mit seiner Stimme zu spielen. Am Anfang bildet es so genannte Gutturallaute, d.h. Laute, die in der Kehle oder im Gaumen gebildet werden wie beispielsweise „g" und „r". Es klingt, als ob das Kind gurrt. Darauf folgen Lallwörter wie „la-la", die dann in die traditionelle Wortsprache führen. Interessanterweise gehört das Wort „Mama" zu den Lallwörtern, wohingegen das Wort „Papa" der traditionellen Wortsprache zugehörig ist.

Um diese ersten Laute und Wörter bilden zu können, muss aus motorischer Sicht auch die Sprechmuskulatur gefördert werden. Dies geschieht bei Fingerspielen wie z.B. „Was gibt's heut' in der Küche" (s. S. 60):

„Mmmhh" übt den Resonanzraum;

„Blluubblubbllubb" stimuliert das Mundgefühl;

das Fingerabschlecken (Soße) und das Milchschlecken trainieren die Mundmotorik, ebenso wie „Iiihhh";

„Bzzz" dient als Stimmübung;

das Spagettiansaugen unterstützt die Mundmotorik und das Mundgefühl und bei

„Miau" schöpfen die Kinder ihren gesamten Stimmumfang aus.

Ebenfalls mit ca. 12 Wochen können Babys ihre Muttersprache von sinnlosen Lauten unterscheiden. Wissenschaftliche Untersuchungen haben in dem entsprechenden Hirnbereich eine erhöhte Aktivität nachgewiesen, wenn die gehörte Satzstruktur korrekt war und der Satz einen Sinn ergab. War dies nicht der Fall, konnte keine Tätigkeit in diesem Hirnbereich nachgewiesen werden. Dies belegt, wie wichtig es ist, selbst mit den Kleinsten grammatikalisch korrekt zu sprechen, wenngleich die Sätze in ihrer Struktur einfach sein müssen (Subjekt – Prädikat – Objekt). Am schnellsten lernen Kinder Sprache, wenn sie durch visuelle und motorische Eindrücke unterstützt wird. Das bedeutet, das eigene Tun möglichst oft zu kommentieren: „Ich rühre mit dem Löffel", „Ich hole den Ball" etc. Diese Möglichkeit, Sprache gleichzeitig in Handlung umzusetzen bzw. Handlungen sprachlich zu begleiten, machen sich ebenfalls Fingerspiele, Bewegungsspiele, Reime und Sprechverse zu Nutze. Gesungene oder gesprochene Begriffe und Bewegungsformen werden mit den entsprechenden Gesten und Bewegungsabläufen begleitet. Dies fördert das Wortverständnis und damit automatisch den aktiven Wortschatz sowie den Sprachfluss des Kindes.

Musikalität

Musik zieht sich als eine der wesentlichen Ausdrucksformen durch unser Leben. Bereits im Mutterleib können Embryos durch Musik beruhigt oder aufgeschreckt werden. Einmal auf der Welt, lieben es Babys, z.B. zu den Klängen ihrer Spieluhr einzuschlafen. Es beruhigt sie, die Stimme ihrer Mutter zu hören, die ihnen leise ein Wiegenlied vorsingt. Musik ruft Emotionen hervor, und je nach Melodie und Rhythmus entspannt oder aktiviert sie.

Sowohl zuhause und in Spielgruppen als auch in Krippen und Kindergärten kann Musik in unterschiedlicher Weise eingebracht werden. Ein großes Feld nimmt dabei das Singen ein. Viele Erwachsene trauen sich allerdings oft nicht, laut zu singen und sind auch vor dem eigenen Kind gehemmt. Dabei ist es Kindern gleichgültig, ob der richtige Ton getroffen wird oder nicht. Entscheidend ist das Vermitteln der Freude, die gemeinsames Singen bereitet.

In diesem Buch findet sich eine Vielzahl von neuen Liedern. Bewusst wurde auf den Abdruck weit verbreiteter traditioneller Kinderlieder verzichtet, da der Büchermarkt viele schöne Sammlungen überlieferter Melodien und Texte bereithält.

Darüber hinaus haben wir eine Vielzahl von rhythmischen Versen zusammengestellt, die den Kindern spielerisch ein Rhythmusgefühl und damit auch ein Zeitgefühl vermitteln. Interessanterweise ist die Rhythmik eine der wenigen musikalischen Elemente, die in der linken Gehirnhälfte, genauer gesagt in den Arealen, die für den Spracherwerb zuständig sind, verarbeitet werden.

Um Rhythmus verstehen und umsetzen zu können, müssen Kinder den Grundschlag erkennen, auf dem Melodie und Rhythmus aufbauen. Das Tempo im Grundschlag wird von Viertelnoten bestimmt. Ziel ist es, dass die Kinder den Grundschlag selbstständig in Bewegung umsetzen lernen. Dafür müssen die Viertelnoten einschließlich der Pausen hör- und fühlbar gemacht werden, indem Lieder klatschend oder stampfend begleitet werden. Auch Kniereiter (s. S. 34ff.) sind durch die gleichmäßige Reitbewegung ein geeignetes Medium zur Vermittlung des Grundschlags.

Gemeinsames Musizieren gehört ebenfalls zur musikalischen Förderung. Bereits für die Kleinen steht hier eine Auswahl an geeigneten Musikinstrumenten zur Verfügung. Geeignet ist u.a. das kleine Orff-Instrumentarium mit Rasseln, Klanghölzern, Handtrommel, Triangel, Glockenspiel (mit geschraubten Klangstäben) und Klangstäben. Darüber hinaus eignen sich auch weitere Kleininstrumente wie Glöckchen, Klangfrösche, Rainmaker, Chime (kleiner Metallklangstab) und viele weitere (s. S. 92ff.).

Neben der Schulung der Feinmotorik, der Koordination und des Sozialverhaltens fördert das Instrumentenspiel den Gehörsinn. Dabei geht es nicht nur darum, laut und leise oder hoch und tief voneinander unterscheiden zu lernen, sondern vielmehr das Gehör zu schulen und Töne von Geräu-

schen zu unterscheiden. (Vereinfacht ausgedrückt ist ein Geräusch ein unbestimmt empfundener Schall, wohingegen Töne bzw. Klänge einem harmonischen Schwingungsverlauf folgen.) Rassel und Rainmaker erzeugen Geräusche, wohingegen alle anderen oben genannten Instrumente Töne bzw. Klänge hervorrufen können.

Auf Grund der hohen Qualitätsunterschiede ist vom Kauf von Instrumenten im Spielzeuggeschäft abzuraten. Ein gutes Instrument aus dem Fachhandel ist besser als zehn minderwertige Blechtrommeln.

Im Gegensatz zu aktivem Musizieren steht das bewusste Musikhören. Meist kommt dies im Familienalltag zu kurz, dabei gelingt das Hören eines kurzen, klassischen Musikstücks schon mit den Kleinsten.

Rein wissenschaftlich betrachtet kann auch Stille eine Sonderform von Musik sein. In die Stille zu horchen ist bereits mit kleinen Kindern möglich. Spannungspausen in Klangspielen oder Sprechversen (z.B. „Wir hören in die Stille", s. S. 115), die unterschiedlich lang gehalten werden können, bieten sich für solche Übungen an.

Es ist unersetzlich, Kindern positive musikalische Erfahrungen mit auf ihren Lebensweg zu geben und ihnen Musik als eigenständige Ausdrucksmöglichkeit zu vermitteln. Gemeinsames Singen und Tanzen verbindet. Durch das gemeinsame Musizieren zu Hause oder in den Eltern-Kind-Gruppen soll die Musik ganz bewusst einen Platz im Leben der Kleinen und ihrer Familien einnehmen.

Emotionalität

Kniereiter und Ruhelieder fördern nicht nur Rhythmusgefühl und musikalische Wahrnehmung, sondern geben auch der Nähe zwischen Eltern und Kindern Raum. Die körperliche Nähe, das Festhalten, Umarmen und Streicheln, spricht die emotionale Seite an: Die Kinder fühlen sich gehalten, geborgen und angenommen.

Neben den Möglichkeiten, die hier Eltern-Kind- oder andere Spielgruppen bieten, sollten Eltern im normalen Tagesablauf ganz bewusst eine Zeitspanne einplanen, in der sie sich intensiv auf ihr Kind einlassen, denn es braucht so oft wie möglich körperlichen Kontakt: Neun Monate wurde die Haut des Embryos im Mutterleib stimuliert. Darüber hinaus war er die gesamten 40 Wochen einem ständigen Geräuschpegel ausgesetzt, dem Pulsieren des Blutes und dem Herzschlag der Mutter. All das vermisst das Kind, wenn es erst einmal geboren ist.

Der Tastsinn ist dabei einer der entscheidenden Sinne: Einen Menschen tröstend in den Arm zu nehmen und zu streicheln beruhigt Körper und Seele. Jeder Schmerz lässt sich durch angenehmen Körperkontakt verringern, zeigt es einem doch, nicht alleine zu sein.

Je leichter wir Berührungen zulassen und annehmen können, desto wohler fühlen wir uns in Gemeinschaften und desto einfacher bauen wir emotionale Bindungen zu anderen Menschen auf.

Für die Weiterentwicklung der Emotionalität ist neben der körperlichen Nähe auch das Kennenlernen und Aushalten von Spannungen wichtig. Unser Körper fiebert beispielsweise bei einem spannenden Film mit, indem wir kalte oder gar feuchte Hände bekommen und sich unser Herzschlag beschleunigt. In altersgemäßer Weise finden sich solche Spannungsbögen in den kurzen Fingerspielen und Versen (vgl. z.B. „In einem kleinen Häuschen", s. S. 57), bei denen erst das „Happyend" zur Entspannung führt. Kinder lernen so in kleinen, altersgerechten Geschichten Spannung auszuhalten.

Auch Klanggeschichten sprechen das Emotionalverhalten an. Wie bereits erwähnt ist Musik eine eigenständige Sprache, die überwiegend auf der emotionalen Ebene kommuniziert. Dabei hat jede Kultur im Laufe der Jahrhunderte ihre eigene musikalische Sprachform mit den ihr eigenen Gesetzmäßigkeiten entwickelt. So klingt für uns ein Lied in einer Molltonart eher schwer, wohingegen die Dur-Tonarten leicht und fröhlich wirken. Bestimmte Klänge wecken bestimmte Gefühle und rufen bestimmte Assoziationen hervor. Klanggeschichten helfen diese Codes zu erschließen und sprechen die Areale an, die im Gehirn auch für die Entschlüsselung der Satzmelodie zuständig sind.

Heutzutage spielen die so genannten „Softskills" wie Kreativität und Emotionale Intelligenz eine immer größer werdende Rolle. „Emotionale Intelligenz" bedeutet dabei nichts anderes als intelligenten Umgang mit Emotionen. Kinder brauchen dazu frühzeitige Erfahrungen, denn Emotionale Intelligenz lässt sich später weder in zwei Semestern an der Volkshochschule noch aus Büchern erlernen!

Kreativität

Weit verbreitet ist die Hypothese, dass Kreativität nicht erlernbar ist. Sie ist uns angeblich mit in die Wiege gelegt worden oder nicht.

Sicher lässt sich Kreativität nicht wie eine neue Sprache erlernen. Es gibt keine Vokabeln und keine Grammatik, die auswendig gelernt werden können. Trotzdem hängt Kreativität nicht allein mit Begabung zusammen. In dem Begriff „Kreativität" steckt das lateinische Wort „creare": etwas hervorbringen oder erschaffen. Der Brockhaus definiert Kreativität als „schöpferisches Vermögen, das sich im menschlichen Handeln oder Denken realisiert und einerseits durch Neuartigkeit oder Originalität gekennzeichnet ist, andererseits aber auch einen sinnvollen und erkennbaren Bezug zur Lösung technischer, menschlicher oder sozial-politischer Probleme aufweist." Dies bedeutet, dass Kreativität nicht loszulösen ist von Intelligenzentwicklung und damit von wachen Sinnessystemen, die es ermöglichen, innere und äußere Gegebenheiten aufeinander abzustimmen.

Kreativität kommt nur dann zu Stande, wenn bestimmte äußere Bedingungen erfüllt sind. Eine Atmosphäre, die von Angst oder Unsicherheit geprägt ist, lässt kreative Prozesse nicht zu. ForscherInnen haben herausgefunden, dass allen kreativen Menschen bestimmte Persönlichkeitsmerkmale nachzuweisen sind. Sie sind intelligent, selbstsicher, selbstbewusst, unkonventionell und neugierig. Im Gegensatz dazu ist der nicht kreativ denkende Mensch unsicher, vorsichtig, ernsthaft, sicherheitsbedürftig und konformtreu.

Kinder sollten zu selbstständigen Menschen erzogen werden, die im Laufe der Jahre ihre eigenen Werte und Vorstellungen entwickeln und leben. Dies geht nur, wenn es ihnen möglich ist, die Welt infrage zu stellen. Aussagen wie: „Trödel nicht so rum!", „Nun frag nicht immer, mach einfach, was ich sage!" oder „Lass das, ich mach das selbst schneller und besser!" wirken einer kreativen Erziehung entgegen. Kinder brauchen Zeit zum Ausprobieren und Erforschen.

Viele Beschäftigungen bieten Kindern die Möglichkeit kreativ zu sein: Malen und Basteln, Bewegungs- und Fingerspiele sowie freie Spielphasen. Kreativität ist nur dann möglich, wenn rechte und linke Großhirnhälfte miteinander kommunizieren. Da in der rechten Hemisphäre viele Elemente sitzen, die für kreatives Denken benötigt werden, kommen auch die Elemente Musik und Tanz der Kreativitätserziehung entgegen.

Kreativitätsförderung geschieht also zum einen durch das Aufgreifen der Neuentdeckungen der Kinder (vgl. z. B. „Was können deine Hände alles", S. 43). Zum anderen wird Kreativität durch das Schaffen einer angenehmen und offenen Atmosphäre gefördert (vgl. auch S. 10 „Sozialverhalten Eltern - Eltern"). Die Kinder müssen Zeit haben, Requisiten und Materialien zu erforschen. Sie müssen selbst bestimmen können, in welcher Farbe sie ihr Bild malen (vgl. S. 117 „Bastelideen") und sie müssen ihre Hände beim Fingerspiel frei bewegen dürfen, ohne dass die Eltern ihre Hände dauerhaft führen. Wann immer ein Kind selbstständig aktiv ist, erhält es ein positives Feedback.

Kinder haben das Recht, eigene Erfahrungen zu machen. Wenn wir ihnen dazu Raum geben, entstehen kreative Prozesse von selbst.

Spielgruppenarbeit

An dieser Stelle gehen wir auf einige die Spielgruppenarbeit betreffende Punkte ein, da Eltern-Kind-Gruppen sehr häufig von engagierten Eltern geleitet werden, die keine professionelle Ausbildung in diesem Bereich haben. Wir wollen einige Grundlagen und hilfreiche Tipps weitergegeben, die sich in unserer Arbeit bewährt haben. Kompetente Spielgruppenarbeit kann Kindern neben der Chance, erste Gruppenerfahrungen zu sammeln, eine Vielfalt von Erfahrungsmöglichkeiten bieten.

Wie organisiere ich eine Spielgruppe?

Zur erfolgreichen Gründung einer Spielgruppe können grundsätzlich zwei unterschiedliche Wege führen: Die etwas aufwändigere private Selbstorganisation oder das Angebot eines Trägers, den Raum sowie einen Großteil des benötigten Materials zu stellen und die Gesamtorganisation (Werbung, Versicherungskosten etc.) zu übernehmen. Im zweiten Fall wird meist ein Honorar an die Gruppenleitung gezahlt, das individuell zu verhandeln ist. Der Vorteil liegt sicherlich darin, dass keinerlei eigenes Risiko bzw. Kosten anfallen und auf eine eingespielte Organisation zurückgegriffen werden kann. Als Träger eignen sich die örtlichen Kirchengemeinden, städtische oder kirchliche Familienbildungsstätten oder Familienzentren, aber auch Volkshochschulen.

Fällt die Entscheidung auf die selbstständige Variante, so lassen sich Räume mit einer guten Größe bspw. in privaten Musikschulen, Tanzschulen oder Gymnastikschulen finden, deren Räume auf Grund der Unterrichtsstruktur in der Regel am Vormittag nicht belegt sind.

Wie sieht der Gruppenraum aus?

Idealerweise hat der Raum eine Größe von 35 bis 50 m², es lässt sich aber auch in kleineren Räumen sinnvoll arbeiten. Entscheidend ist, dass der Raum einen warmen Boden hat. Ist der Raum fußkalt, müssen unbedingt Matten ausgelegt werden, damit sich die Kinder, die sich die ganze Zeit auf dem Boden bewegen, nicht erkälten.

Von Vorteil ist eine Ausstattung mit ein bis zwei größeren Kindertischen, sodass die Kinder in einer für sie angemessenen Höhe werkeln können. Ohne Tische können Mal- und Bastelarbeiten auf dem Boden angefertigt werden. Selbstverständlich ist auch, dass der Raum kindersicher sein muss: Steckdosen sind zu sichern, Kanten zu entschärfen und wacklige Regale gehören nach draußen.

Eltern bevorzugen Räume, die mit dem Kinderwagen zu erreichen sind oder aber zumindest einen regengeschützten Kinderwagenabstellplatz haben. Darüber hinaus sollte eine (saubere) Toilette verfügbar sein.

Wie viele TeilnehmerInnen hat eine Spielgruppe?

Die Größe der Gruppe richtet sich nach der Raumgröße und variiert zwischen 6 und 10 Kindern. Mit weniger als 6 Kindern wird es schwierig, als Gruppe zu arbeiten, da immer mal der eine oder die andere krank oder im Urlaub ist, und bei mehr als 10 Kindern nimmt der Geräuschpegel um ein Vielfaches zu. Zu den Kindern kommen schließlich auch noch 10 große TeilnehmerInnen (Mütter, Väter, Großeltern, Tagesmütter...) plus die Gruppenleitung selbst.

Einer der wichtigsten Aspekte für den Erfolg ist die Homogenität der Gruppe bezüglich des Alters der Kinder. Idealerweise beträgt der Abstand vom jüngsten zum ältesten Kind nicht mehr als 3 Monate. Ein Abstand bis zu 5 Monaten ist aber innerhalb der Gruppe ausbalancierbar.

Welche Funktion hat die Gruppenleitung?

Die Aufgaben der Gruppenleitung setzen sich aus drei verschiedenen Bereichen zusammen: Organisation, Stundengestaltung und Leitung.

Unter Organisation fällt die Regelung aller äußeren Bedingungen, die für eine reibungslose Durchführung der Gruppenstunde nötig sind. Die Gruppenleitung ist AnsprechpartnerIn für den Träger, sie ist für den Raumschlüssel und den Raum verantwortlich, sie erstellt eine Adressliste der TeilnehmerInnen und koordiniert Gruppentermine und Feste etc.

Darüber hinaus gestaltet sie den Stundeninhalt und besorgt die dafür nötigen Materialien oder delegiert diese an bestimmte Gruppenmitglieder.

Zu den Leitungsaufgaben gehört das Schaffen einer Atmosphäre, in der sich kleine wie große TeilnehmerInnen wohl fühlen, das Lösen auftretender Konflikte sowie das gemeinsame Festlegen von Gruppenregeln mit den Eltern.

Idealerweise beginnt eine Spielgruppe mit einem Elternabend in dem Spielgruppenraum. Dies hat zwei Vorteile: Der erste besteht darin, dass sich die Eltern schon einmal vorab kennen lernen, den Raum bereits gesehen haben und auch um das Spielgruppenkonzept wissen. Dies vermindert das Fremdheitsgefühl und die damit einhergehende Stimmung. Die erste Stunde hat grundsätzlich ein eigenes Gefühl. Kinder sind sehr empfänglich für Stimmungen und sie haben es sehr viel leichter, sich in der neuen Umgebung mit den fremden Menschen zurecht zu finden, wenn ihre Eltern Sicherheit signalisieren.

Der zweite Vorteil besteht darin, in Ruhe das Spielgruppenkonzept vorstellen zu können und im Anschluss daran mit den Erwachsenen gemeinsame Regeln zu erarbeiten. Themen in diesem Zusammenhang sind: Pünktlichkeit, bequeme Kleidung, Teilnahme bei Erkältung (ja oder nein?), Umgang mit weinenden Kindern in der Stunde, Mitmachen der Aktivitäten von Groß und Klein (s. S. 9 „Sozialverhalten Kind-Gruppe"), gemeinsame Mahlzeit zwischendurch (ja oder nein?), das Mitbringen von Geschwisterkindern (ja oder nein?), Geburtstagsgeschenke für die Kinder (ja oder nein – in welchem Rahmen?).

Es ist besser, all diese Punkte vor Beginn der Spielgruppe zu regeln als im Laufe der Zeit, wenn es Probleme gibt. Werden Regeln auf Grund eines aktuellen Vorfalls aufgestellt, fühlen sich meist die beteiligten Personen angegriffen. Wird dagegen möglichst alles zu Beginn geklärt, kann bei Bedarf einfach auf die gemeinsam beschlossenen Regeln zurückgegriffen werden.

Neben dem Aufstellen gemeinsamer Regeln dient auch ein Gruppenname zur Stärkung des Zusammengehörigkeitsgefühl. Dafür eignen sich beispielsweise Tiernamen wie „Die Schmetterlinge", „Die Bären", „Die Mäuse" oder andere Namen wie „Die Sonnenkinder", „Die Sternschnuppen" etc. – der Fantasie sind keine Grenzen gesetzt!

Schön ist es auch, wenn einige Feste gemeinsam gefeiert werden und sich über die Gruppenstunde hinaus Treffen ergeben: Ein Sommerfest, ein Laternengang oder eine gemeinsame Weihnachtsfeier, an der die ganze Familie teilnehmen kann, trägt zu einer größeren Verbundenheit der Gruppe bei.

Die Gruppenstunde

Ein zeitlicher Rahmen von 90 Minuten hat sich für die Kinder als ideal erwiesen. Dieser Zeitraum setzt sich aus fünf Phasen zusammen:

Phasen	Zeit	Mögliche Bausteine
Ankunftsphase	15 Min	Ankommen im Raum
Singphase 1	10-25 Min	Begrüßungslied, Körperspiellieder, Strampelverse, Kniereiter, Fingerspiele, Spielen mit Instrumenten, Klanggeschichten, Bewegungslieder, Tänze
Kreative Phase	10-20 Min	Basteln, Malen, Spielen mit Requisiten
Freie Spielphase	15-35 Min	Kinder spielen ohne Vorgabe der Leitung im Raum, Eltern haben Zeit für einen Austausch untereinander
Singphase 2	10-15 Min	Bewegungslieder, Körperspiellieder, Kniereiter, Fingerspiele, Spielen mit Instrumenten, Klanggeschichten, Ruhelieder, Abschiedslied

Die zeitlichen Angaben sind grobe Richtlinien und hängen sowohl vom Alter der Kinder als auch von der geplanten kreativen Phase ab.

Ankunftsphase

Die ersten 15 Minuten dienen sowohl den Kindern als auch den Eltern zum Ankommen. Im Raum liegen Matten, Sitzkissen oder ein Teppich aus, sodass alle Ankommenden einen Platz finden und sich langsam ein Kreis bildet. Die Kleinen brauchen Zeit, sich im Raum zu akklimatisieren, sich auf die Spielgruppe und das folgende Programm einzustellen. Damit sie zur Ruhe kommen, liegt keinerlei Spielzeug im Raum herum. In der Regel sitzen die Kleinen hier auf dem Schoß ihrer Eltern, sehen sich im Raum um und beobachten die anderen Kinder und Eltern. Die Großen haben an dieser Stelle Gelegenheit, sich zu begrüßen und die letzten Neuigkeiten untereinander auszutauschen.

Singphase 1

Die erste Singphase umfasst je nach Alter der Kinder 5 bis 10 Bausteine, wobei am Anfang immer das Begrüßungslied steht. Darauf folgt eine Auswahl aus den Bausteinen Körperspiellieder, Strampelverse, Kniereiter, Fingerspiele, Spielen mit Instrumenten, Klanggeschichten, Bewegungslieder und Tänze.

Mit 12 bis 15 Monate alten Kindern sollte die Phase nicht länger als 10 bis 15 Minuten dauern. Auf den ersten Blick erscheint es sehr lange, fast eine Viertelstunde mit den Kleinen durchgängig zu agieren. Kinder können sich jedoch sehr schnell auf diesen zeitlichen Rahmen einstellen. Wichtig ist, dass die Phase sowohl Fingerspiele, die eine hohe Konzentration erfordern, als auch auflockernde Bewegungsspiele enthält.

Längere Unterbrechungen zwischen den einzelnen Versen und Liedern sind zu vermeiden. Es sollte zügig durchgesungen werden. Dadurch kommt bei den Kindern keine Langeweile auf und auch die Eltern bleiben mit ihrer Aufmerksamkeit bei den Kindern.

Kreative Phase

In der kreativen Phase bietet sich das Spielen mit Requisiten (Tücher, Federn, Bälle, Kartons etc.) und Farben an sowie das Anfertigen von kleineren Bastelarbeiten. Wird gebastelt oder mit Farben gearbeitet, sollte der Boden mit einer Plane abgedeckt werden und die Kinder ziehen „Malerkittel" (s. S. 117 „Bastelideen") an.

Alternativ erhalten die Kinder eine Requisite in unterschiedlichen Formen zum Erkunden, z.B. nur Kartons oder nur Bälle in verschiedenen Größen.

Da die Kleinen unterschiedlich viel Zeit brauchen, um sich mit Material und Requisiten auseinander zu setzen, ist es sinnvoll, die Phase vor der Freien Spielzeit einzuplanen. So können die Kinder, die als erste fertig sind, sich aus der Gruppe ausklinken und in die freie Spielphase übergehen.

Freie Spielphase

Für die freie Spielzeit, die ungefähr in der Mitte der Gruppenstunde liegt, steht den Kindern kleineres Spielzeug zur Verfügung. Allerdings sollten sie damit nicht überflutet werden: 1 bis 2 Bücher, 2 bis 3 Autos, 1 Puzzle, 1 Steckspiel, 1 Kreisel, 1 Teddy/Puppe, ein paar Bauklötze o.Ä. sind insgesamt genug. Die ideale Anzahl liegt um zwei bis drei Spielzeuge höher als die Anzahl der anwesenden Kinder.

Das freie Spiel der Kinder trägt auch dem Kontaktbedürfnis der Eltern Rechnung. Diese haben nun die Gelegenheit zum Austausch mit anderen, die sich in einer ähnlichen Lebensphase befinden und sich mit den gleichen Themen (Zahnen, Schlafen, Essen ...) beschäftigen.

Singphase 2

Zum Abschluss der Stunde erfolgt nochmals eine gemeinsame Phase im Kreis. Sie kann Lieder und Verse aus allen Bausteinen enthalten. Dabei sind zwei Punkte zu beachten: Zum einen sollte diese Phase zeitlich höchsten den halben Umfang der ersten Singphase haben, zum anderen sollten hier keine neuen Inhalte mehr zum Einsatz kommen. Die Kinder werden langsam müde und brauchen jetzt Altbekanntes. Wird in der ersten Singphase ein Lied oder ein Vers ausgetauscht (s. S. 19 „Erstellen eines Stundengerüstes"), rutscht er automatisch erst einmal in die zweite Singphase, bevor er ganz weggelassen wird. Am Ende der Stunde steht eine Ruhephase und natürlich zum Abschluss das Abschiedslied.

Machen die Kinder immer mit?

Sein Maß an aktivem Gruppenverhalten bestimmt jedes Kind selbst. Hat ein Kind beispielsweise keine Lust am Kreisspiel teilzunehmen und möchte lieber von außen zuschauen, so ist das in Ordnung. Auch die Fingerspiele müssen nicht aktiv vom Kind mitgemacht werden. Entscheidend ist nur, dass das Kind mit seinem Tun das Gruppenverhalten nicht stört. Keinesfalls sollen die Kinder während der Gruppenstunde zum Mitmachen gedrängt oder gar ihre Hände fortwährend geführt werden.

Bis die Kinder aktiv am Gruppengeschehen teilnehmen, vergeht unterschiedlich viel Zeit. Es hat sich immer wieder bewiesen, dass die Kinder das Programm auch nebenbei aufnehmen. Erwachsene haben manchmal das Gefühl, die Kinder seien mit etwas völlig anderem beschäftigt und nähmen nichts auf. Im Gegenteil ist es aber oftmals erstaunlich, wie viel die Kinder auch unbewusst aus einer Stunde mitnehmen. Als erstes beginnen die Kleinen ohnehin, Bewegungen zuhause nachzumachen oder gar einzelne Liedzeilen zu singen.

Anders liegt der Fall allerdings bei den Erwachsenen: Sie müssen aktiv mitmachen! Der Hauptgrund dafür ist, dass den Kindern damit der Spaß am gemeinsamen Tun vorgelebt wird. Außerdem wird dadurch auch ein optisches Problem behoben: Die Kinder sind in der Regel nicht in der Lage, die Bewegungen des eigenen Elternteils zu sehen, da sie entweder auf dem Schoß oder direkt daneben sitzen. Ihr Blick fällt auf die Spielleitung oder auf die anderen Eltern, wenn sie im Kreis umher schauen. Von daher ist es wichtig, dass die Kinder die Bewegungen bei den anderen Elternteilen beobachten können.

Der Stundenaufbau

Bewusst haben wir in diesem Buch keine vollständigen Stundenbilder aufgenommen. Jede Gruppe ist anders – so ist es bei der einen Gruppe sinnvoll, nach dem Begrüßungslied mit Bewegungsliedern anzufangen, bei einer anderen Gruppe empfehlen sich Fingerspiele und Kniereiter zu Beginn. Auch möchten wir der Individualität, Fantasie und Kreativität jeder Gruppenleitung nicht vorgreifen. Als Orientierungshilfe dienen die folgenden Anregungen:

● **Thematische Gestaltung**

Es ist sinnvoll, die Stundengestaltung am Jahresverlauf zu orientieren, damit die Kinder einen Bezug zu den Besonderheiten der Jahreszeiten und der Feste aufbauen können. Wird im Dezember ein Weihnachtslied gesungen oder im März ein Frühlingslied, sollte sich das Thema auch in anderen Elementen der Stunde wiederfinden: In der „Kreativen Phase" basteln die Kinder entsprechend Weihnachtsschmuck bzw. Frühjahrsblumen.

● **Wiederholungen**

Erwachsene denken häufig fälschlicherweise, dass es den Kindern langweilig werden muss, wenn dasselbe Lied mehrmals hintereinander gesungen wird. Kinder aber lieben den Wiedererkennungseffekt und brauchen ihn, um sich Texte und Bewegungsabläufe einzuprägen und umsetzen zu können. Jedes Lied und jeder Vers wird deshalb mind. zweimal hintereinander gesungen bzw. gesprochen. Alle Verse, Spiellieder und vor allem Fingerspiele, bei denen die Bewegungen mit einer Hand durchgeführt werden, werden selbstverständlich direkt im Anschluss mit der anderen Hand wiederholt. Auch zuhause macht es Sinn, wenn die Eltern Lieder und Verse mit ihrem Kind regelmäßig wiederholen.

Das Prinzip der Wiederholung spiegelt sich auch im wöchentlichen Stundenverlauf. Die Gruppenstunde muss immer so aufgebaut sein, dass maximal 1 bis 2 neue Lieder bzw. Verse pro Stunde eingeführt werden. Ein Lied kann ohne Schwierigkeiten 4 Wochen lang gesungen werden. Manche Lieder erfreuen sich in einer Gruppe auch einer besonderen Beliebtheit. Fehlt dieses Stück in einer Stunde und die Kinder stellen fest, dass dieses Lied von der Leitung „vergessen" wurde, ist das Grund genug, das Lied wieder in das aktive Repertoire aufzunehmen.

● **Flüssige Übergänge schaffen**

Beim Festlegen des Stundenaufbaus ist darauf zu achten, dass mehrere Verse bzw. Lieder hintereinander im Sitzen gespielt werden und auch der Bewegungsteil mehrere Lieder umfasst. Ein häufiger Wechsel zwischen „Sitzbausteinen" und „Stehbausteinen" führt zu Unruhe und verhindert einen flüssigen und harmonischen Stundenablauf.

Lieder und Verse wie z.B. „Frühlingsanfang" (s. S. 77) oder „Bücken und Strecken" (s. S. 67), in denen Bewegungsabläufe von unten nach oben und umgekehrt vorkommen, eignen sich am besten als Übergang zwischen Sitz- und Bewegungsblock. Dadurch gehen die Bausteine fließend ineinander über und führen so zu einem harmonischen Stundenverlauf.

● **Keine Pausen während der Singphasen**

Zwischen den einzelnen Bausteinen innerhalb der Singphasen werden keine Pausen gemacht. Die Aufmerksamkeit der Kinder geht sofort verloren, wenn die Spielleitung Aktionen oder Bewegungen erklärt. Die Spielleitung singt und agiert, während die Eltern und die Kinder imitieren. Im privat organisierten Bereich hat die Spielgruppenleitung oft ihr eigenes Kind dabei, mit dem sie die entsprechenden Bewegungen direkt während des Liedes oder Spielverses vormachen kann. Hat die Spielleitung kein eigenes Kind in der Gruppe dabei, empfehlen wir eine große Stoffpuppe mitzubringen. Diese erhält einen Namen und wird auch im Begrüßungslied begrüßt. Sie macht alles mit, während sie auf dem Schoß ihrer „Mama" oder ihres „Papas" sitzt. Dort möchte sie allerdings auch sitzen bleiben, denn sie ist ein bisschen schüchtern und fühlt sich dort am wohlsten. Dies verstehen die Kinder und es gibt keinerlei Diskussionen, ob nicht das ein oder andere Kind die Puppe zum Spielen oder Liebkosen haben kann.

● Erstellen eines Stundengerüstes

Für die Kinder ist entscheidend, dass der Aufbau der Stunde immer gleich ist. Dies bedeutet, dass die einzelnen Bausteine immer in der gleichen Reihenfolge zusammengesetzt sind (s. S. 16 „Die Gruppenstunde"). Was sich ändert, sind die ausgesuchten Lieder und Verse. Die Kleinen brauchen die Wiederholung im Aufbau der Gruppenstunde. Dies hilft ihnen, sich zeitlich zurechtzufinden und zu wissen, wo sie sich im Laufe der Stunde befinden. Mit der Zeit wissen die Kinder, dass z.B. nach dem Begrüßungslied immer ein Fingerspiel kommt und danach ein Kniereiter o.Ä. Jeder Baustein hat seinen festen Platz in der Stunde.

Die Zusammensetzung der Bausteine ergibt sich aus dem Alter der Kinder. Bei den ganz Kleinen sind mehr Schoßspiele und Körperspiellieder zu finden, bei den älteren Kindern dagegen mehr Bewegungslieder und Tanzspiele. Ein Stundengerüst zum Thema „Tiere" könnte wie folgt aussehen, wobei einzelne Bausteine erst im Laufe der Zeit mit Liedern gefüllt werden (z.B. Lieder mit Requisiten, Tänze), andere dagegen mit zunehmenden Alter der Kinder wegfallen (z.B. Strampelverse, Kniereiter).

Baustein	Lied / Vers	Seitenzahl
Begrüßungslied	Kommt, ich lad' euch alle ein	26
Fingerspiel	Die Raupe wird erwachsen	58
Kniereiter	Mein kleines Pferd	36
Lied mit 1. Instrument	Klanghölzer klopft	100
Körperspiellied	Meine Arme nehm' ich hoch	48
(Lied mit Requisite)		
Übergang	Wenn ich müde bin	70
Bewegungslied	Oh weh	68
(Bewegungslied)		
Kreis- und Tanzspiel	Eine Schlange	83
Kreis- und Tanzspiel	Tripp, trapp	88
Tanz	Schwaps, der Goldfisch	82
Bastelaktion	Bunte Fische	124
Freie Spielphase		
(Bewegungslied)		
Bewegungslied	Der Schmetterling	76
Übergang	Bücken und Strecken	67
Fingerspiel	In einem kleinen Häuschen	57
(Kniereiter)		
(Strampelvers)		
Lied mit 2. Instrument	Froschsprache	103
Ruhelied	Lied der Fische	116
Abschiedslied	Abschiedsversion „Unser Spiel, das fängt jetzt an"	25

Die erste Stunde

In der ersten Stunde ist für die Kleinen alles neu: ein fremder Raum, unbekannte Kinder, unbekannte Eltern, unbekannte Spielleitung, erste Erfahrung von Gruppe überhaupt, fremde Atmosphäre usw. Deshalb sollten die Kinder nicht zusätzlich mit vielen neuen Liedern konfrontiert werden. Eine in der Praxis bewährte Methode ist, sich für eine Haupt-Melodie zu entscheiden, die sich als roter Faden durch die Stunde zieht. Auf die Melodie werden neue Texte gemacht, deren Inhalt zu den einzelnen Bausteinen passt. Dazu eignet sich z.B. die folgende überlieferte Melodie:

Für ein **Fingerspiel** könnte folgender Text gesungen werden:
Die Hände können klatschen, klatschen, klatschen, die Hände können klatschen, macht doch mit.

Varianten

● Die Hände können reiben, drehen, patschen...

● Die Finger können zappeln, tippen, klopfen...

● Ein **Kniereiter** könnte lauten:
Die Knie können reiten, reiten, reiten, die Knie können reiten, fühlt ihr das?

● Als **Bewegungsspiel** lautet der Text:
Wir können alle schleichen, schleichen, schleichen,
wir können alle schleichen wie die Katze.

Oder:
Wir können alle stampfen... wie der Bär.
Wir können alle watscheln... wie die Ente.
Wir können alle fliegen... wie der Vogel.

● Wird ein **Instrument** eingeführt, können in den einzelnen Strophen die unterschiedlichen Spielweisen besungen werden, z.B.:

Die Rasseln können laut rasseln, laut rasseln, laut rasseln,
die Rasseln können laut rasseln, ganz, ganz laut.

Oder:
Die Rasseln können leise rasseln...
Die Rasseln können klopfen...
Die Rasseln können tippen...

Körperspiellieder, Strampelverse sowie Kreisspiele sind ebenfalls schnell gedichtet.
Es empfiehlt sich, ungefähr die Hälfte der Stunde mit dieser Haupt-Melodie zu füllen, die immer wieder eingebracht wird. In der anderen Hälfte werden einfache neue Lieder eingeführt. In der Folgestunde können dann ein oder zwei der Bausteine mit der Haupt-Melodie durch ein neues Lied oder einen Vers ersetzt werden.
Auf diese Weise haben die Kinder einen Wiedererkennungseffekt und auch die Eltern fühlen sich nicht durch zu viele neue Texte und Melodien überfordert. Denn auch die Erwachsenen müssen in die Stunde hineinwachsen und die Möglichkeit haben, sich Lieder durch Wiederholung zu merken.

Begrüßungs- und Abschiedslieder

Begrüßungs- und Abschiedslieder setzen einen offiziellen Anfangs- und Endpunkt, der den Kindern den Einstieg in die Stunde erleichtert und das Ende bestimmt. Schön ist es, wenn das Begrüßungs- und das Abschiedslied die gleiche Melodie, evtl. sogar weitestgehend den gleichen Text haben, sodass sich die Einheit am Ende zu einem Kreis schließt. Das gemeinsame Sitzen im Kreis und die namentliche Begrüßung eines jeden anwesenden Kindes dient der Stärkung des Selbstbewusstseins. Die gesamte Aufmerksamkeit der Gruppe liegt für einen Augenblick auf dem genannten Kind. Dieses Ritual kommt zudem dem Kennenlernen untereinander, der Integration des einzelnen Kindes sowie der Entwicklung der Gruppendynamik zugute. Alle Begrüßungslieder lassen sich auch dahingehend abändern, dass als erstes die Gruppe begrüßt wird, indem der Gruppenname Teil des Liedtextes wird. Ein ausgewähltes Begrüßungs- oder Abschiedslied sollte für mind. 6 Monate beibehalten werden.

Ich bin da, du bist da

Musik u. Text: trad.

Ich bin da, du bist da, wir sind al - le wie - der da.

Ich bin da, du bist da, wir sind al - le wie - der da.

Die „Li - sa" ist da. Der „E - ric" ist da.

Ich bin da, du bist da, wir sind al - le wie - der da.

Alter: ab 6 Monaten

l: Ich bin da, du bist da,
wir sind alle wieder da. :l
Die „Lisa" ist da.
Der „Eric" ist da...
Ich bin da, du bist da,
wir sind alle wieder da.

auf sich zeigen, auf das Kind zeigen
in die Gruppe zeigen
das besungene Kind hochheben

Abschiedsversion

Text: Elke Gulden/Bettina Scheer

Ich geh' jetzt, du gehst jetzt,
wir geh'n alle gleich nach Haus.
Ich geh' jetzt, du gehst jetzt,
wir geh'n alle jetzt nach Haus.
Die „Lisa" geht.
Der „Eric" geht...
Ich geh' jetzt, du gehst jetzt,
wir geh'n alle jetzt nach Haus.

auf sich zeigen, auf das Kind zeigen
in die Gruppe zeigen

das besungene Kind hochheben

Guten Tag

Musik: frz. Volkslied
Text: Elke Gulden/Bettina Scheer

Gu - ten Tag, „Li - sa", gu - ten Tag, „Ma - ma",

schön, dass ihr hier seid, schön, dass ihr hier seid, zum

Tan - zen, Spie - len, Sin - gen, zum Hüp - fen und auch Sprin - gen,

al - le ma - chen mit, welch ein tol - ler Hit!

Alter: ab 6 Monaten

Guten Tag, „Lisa",   alle winken dem besungen Kind zu
guten Tag, „Mama",   alle winken dem besungenen Erwachsenen zu
/:schön, dass ihr hier seid,:/   im Grundschlag auf die Oberschenkel patschen
zum Tanzen, Spielen, Singen,
zum Hüpfen und auch Springen,
alle machen mit,
welch ein toller Hit!   Arme nach oben strecken

Abschiedsversion

Tschüss, liebe „Lisa",   alle winken dem besungen Kind zu
tschüss, liebe „Mama",   alle winken dem besungenen Erwachsenen zu
/:bis nächste Woche,:/   im Grundschlag auf die Oberschenkel patschen
zum Tanzen, Spielen, Singen,
zum Hüpfen und auch Springen,
freu'n uns dich zu seh'n,
tschüss, auf Wiederseh'n!   winken

Unser Spiel, das fängt jetzt an

Musik: dt. Volkslied
Text: Elke Gulden/Bettina Scheer

Un - ser Spiel, das fängt jetzt an, al - le Kin - der sind gleich dran. Wol - len sin - gen und auch la - chen, wol - len ganz viel Quatsch jetzt ma - chen. „Li - sa" ist heut' mit da - bei, wir grü - ßen dich: Hal - lo und Hi!

Alter: ab 12 Monaten

Unser Spiel, das fängt jetzt an,   im Grundschlag klatschen
alle Kinder sind gleich dran.
Wollen singen und auch lachen,
wollen ganz viel Quatsch jetzt machen.
„Lisa" ist heut' mit dabei,
wir grüßen dich: Hallo und Hi!   bei „Hi!" eine Hand zum Gruß hochhalten

Abschiedsversion

Unser Spiel ist heute aus,   im Grundschlag klatschen
wir geh'n alle jetzt nach Haus.
Hab'n gesungen und gelacht,
haben auch mal Quatsch gemacht.
Wir freuen uns auf nächstes Mal,
und winken uns zu ein letztes Mal.   alle winken

Kommt, ich lad' euch alle ein

Musik: Ralf Kiwit
Text: Elke Gulden/Bettina Scheer

Kommt, ich lad' euch al - le ein, hier bei mir im Kreis zu sein.

Lasst uns was ge - mein-sam ma-chen, sin - gen, tan-zen, la - chen.

Alter: ab 18 Monaten

1. Kommt, ich lad' euch alle ein,
   hier bei mir im Kreis zu sein.
   Lasst uns was gemeinsam machen,
   singen, tanzen, lachen.

   im Grundschlag auf die Oberschenkel patschen

2. Für „Luise" klatschen wir,
   sagen laut: Hallo! zu dir.
   Schön, dass du heut' bei uns bist,
   wir hätten dich vermisst.

   im Grundschlag klatschen

3. Für den „Erich" reiben wir,
   sagen laut: Hallo! zu dir.
   Schön, dass du heut' bei uns bist,
   wir hätten dich vermisst.

   im Grundschlag die Hände aneinander reiben

4. Für die „Sina" rollen wir,
   sagen laut: Hallo! zu dir.
   Schön, dass du heut' bei uns bist,
   wir hätten dich vermisst.

   im Grundschlag die Hände umeinander rollen

5. Für den „Markus" tippen wir,
   sagen laut: Hallo! zu dir.
   Schön, dass du heut' bei uns bist,
   wir hätten dich vermisst.

   im Grundschlag die Zeigefinger aneinander tippen

6. Für die „Sarah" stampfen wir,
   sagen laut: Hallo! zu dir.
   Schön, dass du heut' bei uns bist,
   wir hätten dich vermisst.

   im Grundschlag mit den Füßen stampfen

Abschiedsversion

1. Uns're Stunde ist heut' aus,
   wir geh'n alle jetzt nach Haus.
   Hab'n gesungen und gelacht,
   das hat Spaß gemacht.

   im Grundschlag auf die Oberschenkel patschen

2. Auch die „Lisa" muss jetzt geh'n,
   wir klatschen laut: Auf Wiederseh'n!
   Schön, dass du gekommen bist,
   wir hätten dich vermisst.

   im Grundschlag klatschen

3. Auch der „Eric" muss jetzt geh'n,
   wir reiben laut: Auf Wiederseh'n!
   Schön, dass du gekommen bist,
   wir hätten dich vermisst.

   im Grundschlag die Hände aneinander reiben

4. Auch die „Sina" muss jetzt geh'n,
   wir rollen laut: Auf Wiederseh'n!
   Schön, dass du gekommen bist,
   wir hätten dich vermisst.

   im Grundschlag die Hände umeinander rollen

5. Auch der „Markus" muss jetzt geh'n,
   wir tippen laut: Auf Wiederseh'n!
   Schön, dass du gekommen bist,
   wir hätten dich vermisst.

   im Grundschlag die Zeigefinger aneinander tippen

6. Auch die „Sarah" muss jetzt geh'n,
   wir stampfen laut: Auf Wiederseh'n!
   Schön, dass du gekommen bist,
   wir hätten dich vermisst.

   im Grundschlag mit den Füßen stampfen

Hinweis: Jedes Kind sucht sich seine Klanggeste selbst aus.

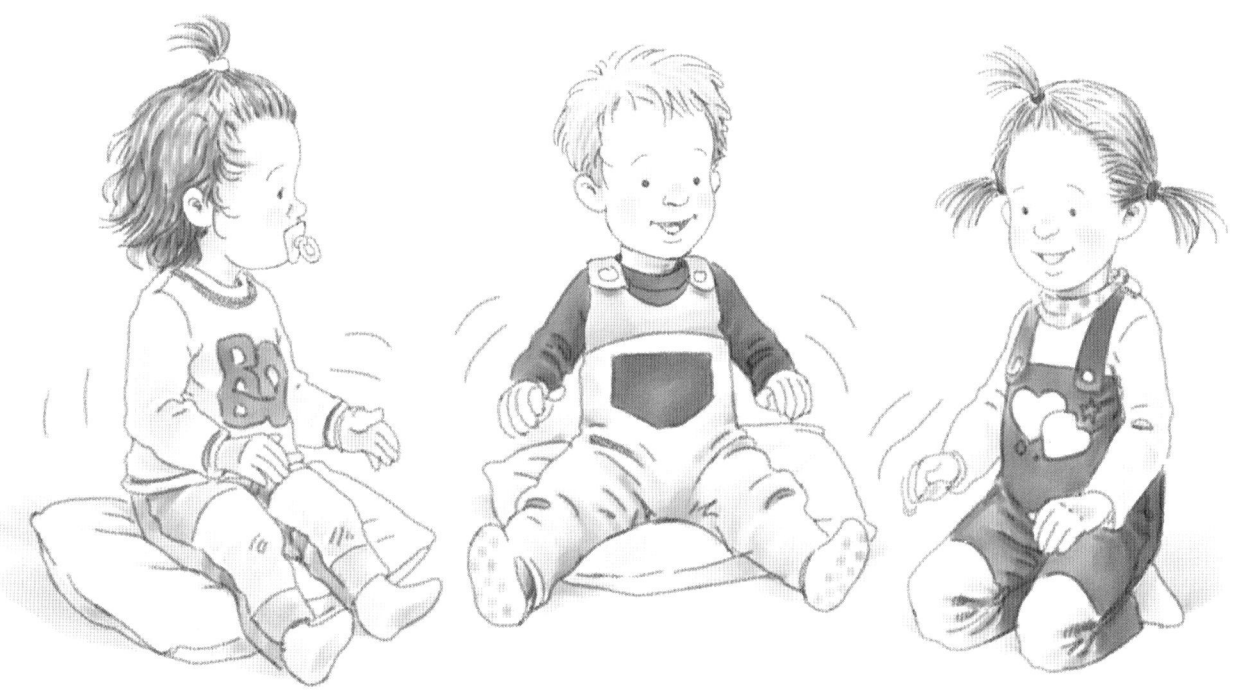

Wir spielen hier

Musik: trad.
Text: Elke Gulden/Bettina Scheer

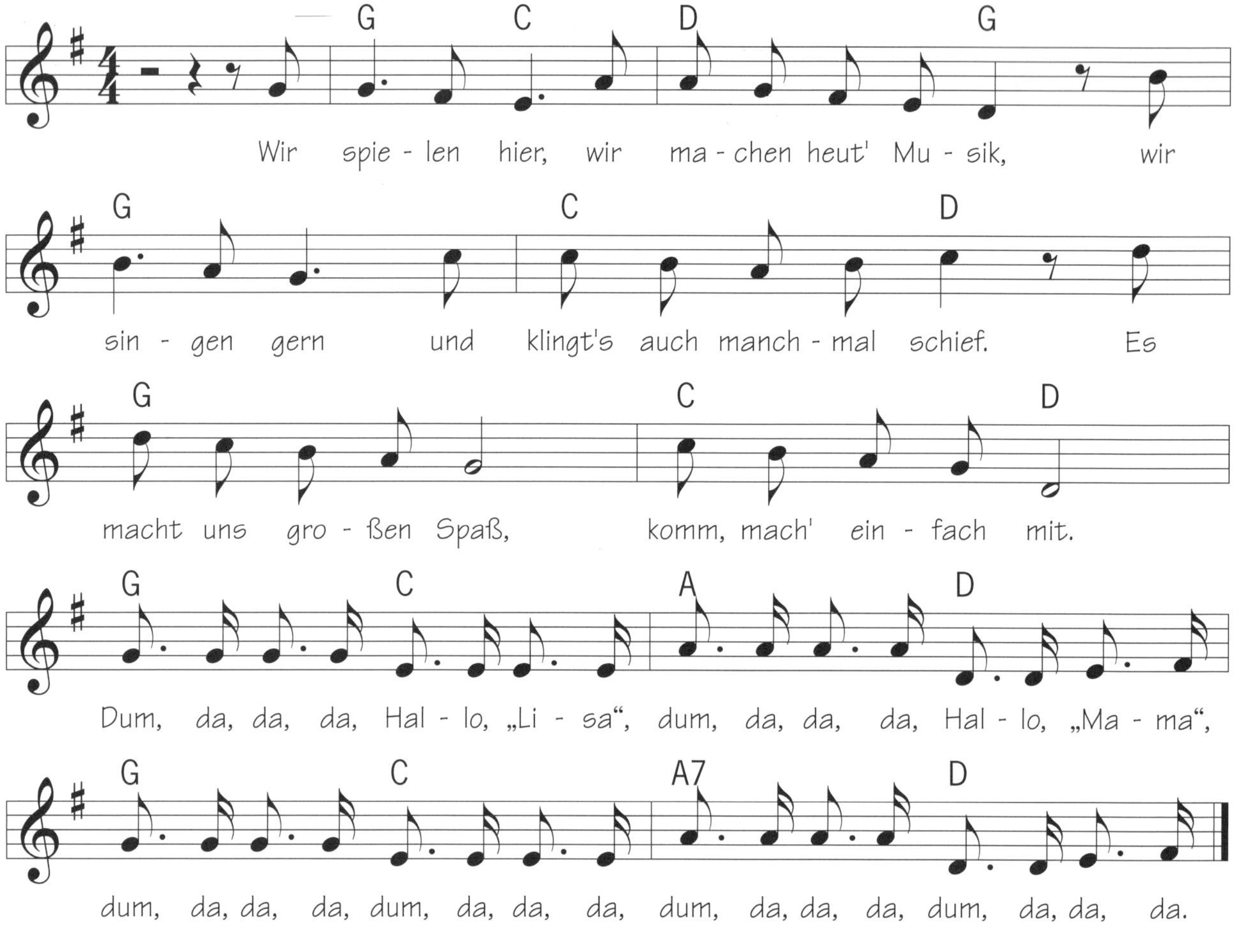
G C D G
Wir spie - len hier, wir ma - chen heut' Mu - sik, wir
G C D
sin - gen gern und klingt's auch manch - mal schief. Es
G C D
macht uns gro - ßen Spaß, komm, mach' ein - fach mit.
G C A D
Dum, da, da, da, Hal - lo, „Li - sa", dum, da, da, da, Hal - lo, „Ma - ma",
G C A7 D
dum, da, da, da, dum, da, da, da, dum, da, da, da, dum, da, da, da.

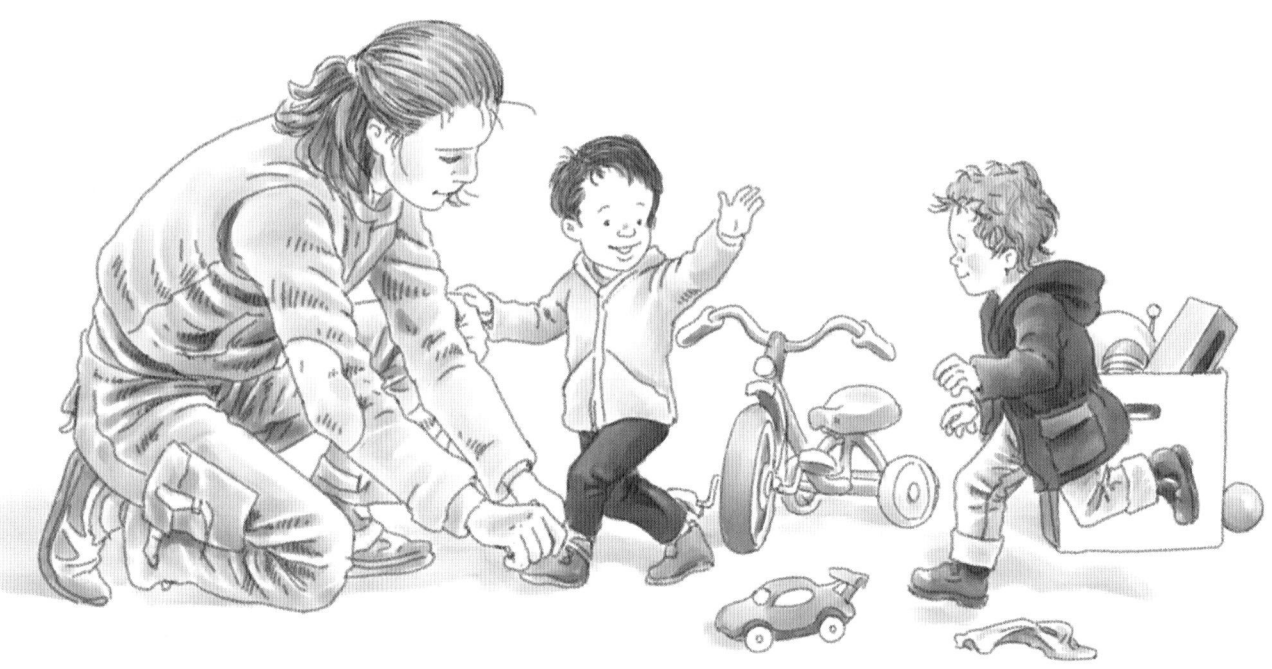

Alter: ab 24 Monaten

Wir spielen hier,	im Grundschlag klatschen
wir machen heut' Musik,	
wir singen gern,	Hände um den Mund zu einem Trichter legen
und klingt's auch manchmal schief.	Arme waagerecht ausstrecken, dabei den einen mehr nach unten, den anderen mehr nach oben strecken

Es macht uns großen Spaß,	einen lachenden Mund in die Luft malen
komm, mach einfach mit.	mit einer Hand heranwinken

Dum, da, da, da: Hallo, „Lisa",	im Grundschlag klatschen, dem besungenen Kind zuwinken
dum, da, da, da: Hallo, „Mama",	im Grundschlag klatschen, dem besungenen Erwachsenen zuwinken
/:dum, da, da, da, dum, da, da, da.:/	im Grundschlag klatschen

Abschiedsversion

Wir spielten hier,	im Grundschlag klatschen
wir hab'n Musik gemacht,	
wir hab'n getanzt,	mit den Fingern auf den Boden tippeln
gesungen und gelacht.	Hände um den Mund zu einem Trichter legen
Es hat uns Spaß gemacht,	einen lachenden Mund in die Luft malen
tschüss, bis nächstes Mal.	winken

Dum, da, da, da: Tschüss, „Lisa",	im Grundschlag klatschen, dem besungenen Kind zuwinken
dum, da, da, da: Tschüss, „Mama",	im Grundschlag klatschen, dem besungenen Erwachsenen zuwinken
/:dum, da, da, da, dum, da, da, da.:/	im Grundschlag klatschen

Strampelspiele und Kniereiter

Bei diesen Liedern und Versen haben die Kinder intensiven Kontakt mit ihren Eltern. Sie spüren die angenehme Nähe und genießen sowohl den engen Körperkontakt als auch den intensiven Blickaustausch bei den Strampelspielen. Neben der emotionalen Komponente wird in diesen beiden Spielkategorien ebenfalls der Tastsinn aktiviert.

Strampellieder und -verse

Babys lieben kleine Strampelverse und -lieder über alles. Während das Baby auf dem Rücken liegt, kniet die Mutter oder der Vater davor und hält die Füße des Kindes in den Händen. Die Augen halten Blickkontakt zum Kind. Auf diese Weise können verschiedene Bewegungen ausgeführt werden, z.B. Beine auf und ab oder seitwärts bewegen oder auch das „Radfahren". Alle Bewegungen werden langsam durchgeführt. Werden die Beine des Kindes beim Radfahren gebeugt, sollte es im Laufe der Zeit einen Druck gegen die Handfläche des Erwachsenen aufbauen.

Kinder ab 24 Monaten können die Strampelverse selbstständig im Sitzen oder im Liegen ausführen.

Herr Pinz und Herr Panz

überliefert

Alter: ab 6 Monaten

Herr Pinz und Herr Panz,	mit einem Kinderfuß bei „Herr Pinz" auf den Boden stampfen, bei „Herr Panz" mit dem anderen
die gingen zum Tanz.	Beine ausgestreckt waagerecht anheben
Erst machten sie so,	Beine kreuzen
dann machten sie so	Beine andersherum kreuzen
und dann strampelten sie so.	in der Luft Rad fahren

Variante als Kreisspiel (ab 30 Monaten)

Ausgangsposition: durchgefasster Kreis

Herr Pinz und Herr Panz, die gingen zum Tanz.	im Kreis gehen
Erst machten sie so,	Oberkörper zur rechten Seite beugen, Gewicht auf rechtes Bein verlagern
dann machten sie so	Oberkörper zur linken Seite beugen, Gewicht auf linkes Bein verlagern
und dann tippelten sie so.	am Platz schnell mit den Füßen tippeln

Die Beinchen fahren Rad

Musik: trad.
Text: Elke Gulden/Bettina Scheer

Die Bein-chen fah-ren Rad, die Bein-chen fah-ren

Rad, die Bein-chen fah-ren Fah-rad, fah-ren durch den

gan-zen Staat, die Bein-chen fah-ren Rad.

Alter: ab 6 Monaten

1. Die Beinchen fahren Rad,
   die Beinchen fahren Rad,
   die Beinchen fahren Fahrrad,
   fahren durch den ganzen Staat,
   die Beinchen fahren Rad.

   Rad fahren

2. Die Beinchen gehen hin,
   die Beinchen gehen her,
   die Beinchen gehen hin und her,
   freuen sich dabei so sehr,
   sie gehen hin und her.

   beide Beine von rechts nach links hin und her bewegen

3. Die Beinchen gehen auf,
   die Beinchen gehen zu,
   die Beinchen gehen auf und zu,
   geben dabei keine Ruh',
   sie gehen auf und zu.

   Beine grätschen und schließen

4. Die Beinchen strampeln doll,
   die Beinchen strampeln doll,
   die Beinchen strampeln ziemlich doll,
   finden das so richtig toll,
   die Beinchen strampeln doll.

   Strampelbewegungen

Füße gehen wandern

Musik u. Text: Elke Gulden/Bettina Scheer

Wollt ihr Fü-ße mit mir wan-dern von dem ei-nen Berg zum an-dern?

Ja!, ruft der rech-te. Ja!, ruft der lin-ke.

Und ge-mein-sam geh'n sie wan-dern. geh'n sie wan-dern.

Alter: ab 6 Monaten

/:Wollt ihr Füße mit mir wandern
von dem einen Berg zum andern?:/
/:Ja!, ruft der rechte.
Ja!, ruft der linke.
Und gemeinsam geh'n sie wandern.:/

Füße in die Hände nehmen und betrachten
Füße leicht mit dem Daumen massieren
den rechten Fuß hochheben
den linken Fuß hochheben
mit den Füßen in der Luft Gehbewegungen machen

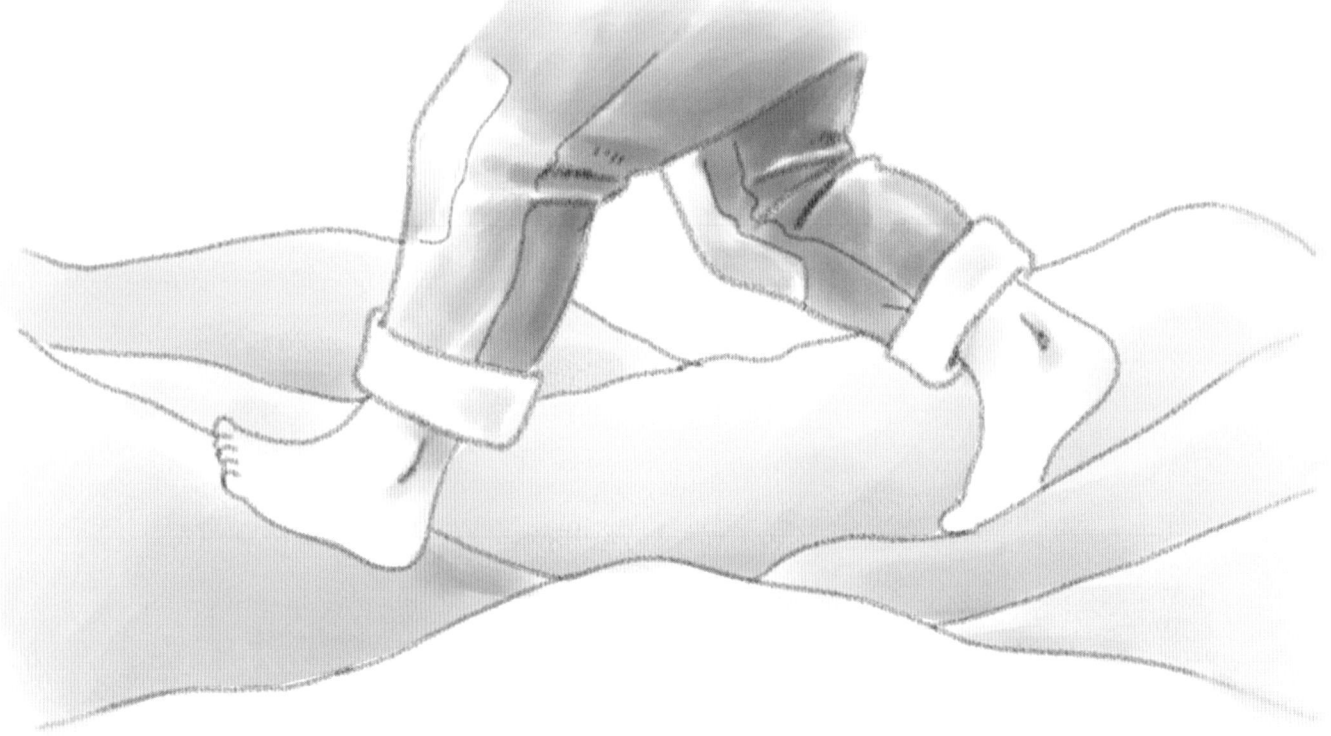

Pinke Pank, der Schmied ist krank

Musik u. Text: trad.

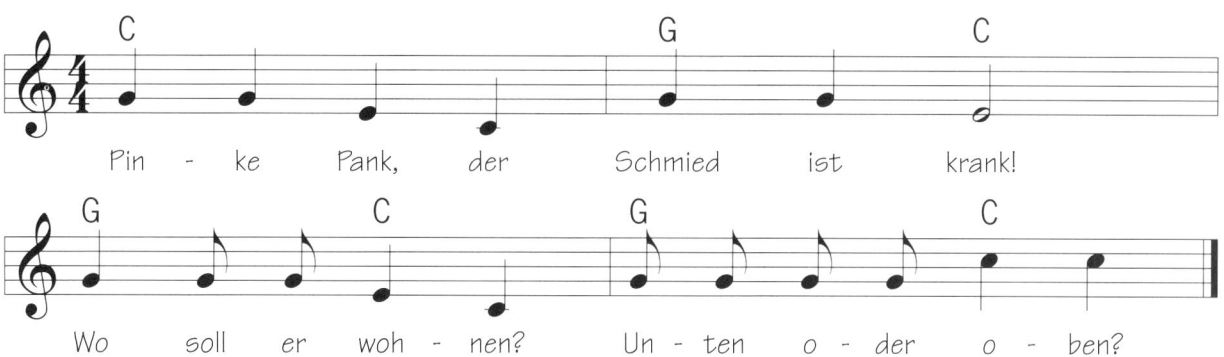

Alter: ab 6 Monaten

Pinke Pank, der Schmied ist krank!
Wo soll er wohnen?
Unten oder
oben?

Beine anheben
Beine in der Luft spreizen und durchschauen
Füße auf den Boden stellen
Beine wieder anheben

Radeln ist der Hit!

Alter: ab 6 Monaten

Radeln, radeln ist der Hit,
macht die Beine stark und fit.

mit den Füßen in der Luft Rad fahren

Springen, springen ist der Hit,
macht die Beine stark und fit.

Beine gleichzeitig anziehen und strecken

Schwimmen, schwimmen ist der Hit,
macht die Beine stark und fit.

mit den Beinen Schwimmbewegungen machen

Stampfen, stampfen ist der Hit,
macht die Beine stark und fit.

mit den Füßen abwechselnd auf den Boden stampfen

Die Kuckucksuhr

Alter: ab 6 Monaten

Kuckuck, komm aus deinem Haus,
ruf' die Uhrzeit für mich aus.

Beine anwinkeln
Beine gerade in die Luft strecken und das Gesicht
dahinter verstecken

Erst ruft er 1 Uhr: Kuckuck!
Dann ruft er 2 Uhr: Kuckuck, Kuckuck!
Dann ruft er 3 Uhr: Kuckuck, Kuckuck, Kuckuck ...

bei jedem „Kuckuck" die Beine öffnen und schließen

Kniereiter und Schoßspiele

Kniereiter und Schoßspiele sind schon für die Allerkleinsten geeignet. Die Eltern setzen sich dazu mit angewinkelten Beinen auf den Boden und legen ihr Kind mit dem Rücken auf die Oberschenkel. Können die Kinder selbstständig sitzen, strecken die Eltern ihre Beine aus und das Kind nimmt auf den Oberschenkeln Platz.

Alternativ werden die Kinder auf einen großen Hüpfball gesetzt und mit beiden Händen festgehalten. Auch kleinere Wasserbälle eignen sich hervorragend zum Reiten. Kommen die älteren Kinder dabei bereits mit den Füßen auf den Boden, können sie es auch allein versuchen. Dies ist gleichzeitig eine fantastische Gleichgewichtsübung und bereitet viel Spaß!

Wir segeln heut' übers weite Meer

Alter: ab 6 Monaten

Wir segeln heut' übers weite Meer,
bei schönem Wetter gefällt's uns sehr.

ruhig hin und her schaukeln

Doch ziehen Wolken auf und kommt ein Schauer,
wird auch der Seegang etwas rauer.

schneller schaukeln

Unser Boot schaukelt immer mehr,
da fallen wir auch schon ins Meer.

wild schaukeln
gemeinsam umfallen

Schlittenfahrt

Alter: ab 12 Monaten

Seht, wie schnell der Schlitten saust,
wie er durch die Landschaft braust.

im Grundschlag reiten

So schön sind wir noch nie geglitten
wie auf diesem Superschlitten.

Rechts herum und links herum –
plötzlich fällt der Schlitten um.

das Kind in die entsprechende Kurve legen
gemeinsam umfallen

Schnell steh'n wir alle wieder auf,
stampfen flott den Berg hinauf.

sich wieder hinsetzen
die Beine abwechselnd heben und senken

Oben dann vom schnellen Laufen
müssen wir erst mal verschnaufen.

die Beine aufstellen, Kind sitzt oben auf den Knien
laut schnaufen

Sind wir dann bald wieder munter
geht's den Berg noch mal hinunter.

Beine mit einem Mal nach unten fallen lassen

Hinweis: Nach der letzten Strophe beginnt der Kniereiter von vorn. Er endet nach der 6. Zeile.

Reiten und Schaukeln

Musik: trad.
Text: Elke Gulden/Bettina Scheer

Hopp, hopp, hopp, auf Ma-mas Bei-nen, hopp, hopp, hopp, auf

Pa-pas Bei-nen, hopp, hopp, hopp, auf

Ma-mas Bei-nen, ich hab' dich so lieb.

Alter: ab 6 Monaten

1. Hopp, hopp, hopp, auf Mamas Beinen,
   hopp, hopp, hopp, auf Papas Beinen,
   hopp, hopp, hopp, auf Mamas Beinen,
   ich hab' dich so lieb.

   im Grundschlag reiten

2. Schaukel hin und schaukel her,
   schaukel hin und schaukel her,
   schaukel hin und schaukel her,
   ich hab' dich so lieb.

   das Kind im Grundschlag auf dem Schoß schaukeln

Osterhasen hoppeln wieder

Alter: ab 6 Monaten

Osterhasen hoppeln wieder,
singen Osterhasenlieder.

im Grundschlag reiten

Verstecken buntgemalte Eier

während des Reitens mit den Fingerspitzen den Rücken des
Kindes unter dem Pullover an einigen Stellen drücken

für eine tolle Osterfeier.

Mein kleines Pferd

 Nr. 3

Musik: schwedisches Volkslied
Text: Elke Gulden/Bettina Scheer

Mein klei - nes Pferd, das rei - tet durch die Welt. Es

rei - tet ü - ber Berg und Tal, grad' wie es ihm ge - fällt.

Alter: ab 12 Monaten

1. Mein kleines Pferd,   im Grundschlag reiten
   das reitet durch die Welt.
   Es reitet über Berg und Tal,
   grad' wie es ihm gefällt.

2. Es reitet gern im Schritt,   langsamer singen und weiter im Grundschlag reiten
   doch das ist nicht der Hit.
   Es reitet lieber im Galopp,   schneller singen und weiter im Grundschlag reiten
   hopp, hopp, hopp, hopp, hopp, hopp.

3. Es reitet querfeldein,   rechtes und linkes Bein abwechselnd schnell heben und senken
   jetzt fällt's ins Wasser rein.   Kind zwischen den Beinen durchfallen lassen
   Es schüttelt alle Tropfen ab   Kind leicht an den Schultern rütteln
   und weiter geht's im Trab.   im Grundschlag reiten

4. Manchmal reitet's langsam,   langsamer singen und im Grundschlag reiten
   manchmal reitet's schnell.   schneller singen und im Grundschlag reiten
   Ganz egal, ob fix, ob lahm,
   ich streichel ihm sein Fell.   die Haare des Kindes streicheln

Der Bauer holt die Ernte ein

Alter: ab 6 Monaten

Der Bauer holt die Ernte ein,   im Grundschlag reiten
dabei fährt er querfeldein.

Es ruckelt, es schuckelt,   Kind an den Schultern fassen und sanft rütteln
der Bauer ist munter,
doch passt er nicht auf,
so fällt er herunter.   Beine öffnen und das Kind sanft fallen lassen

Lasst uns reiten durch die Welt

Musik: kalifornisches Volkslied
Text: Elke Gulden/Bettina Scheer

Alter: ab 12 Monaten

1. Lasst uns reiten, lasst uns reiten,
   lasst uns reiten durch die Welt.
   Auf und nieder, immer wieder,
   gerade so wie's uns gefällt.

    im Grundschlag reiten

2. Über Berge und durch Täler,
   reiten wir so durch die Welt.
   Auf und nieder, immer wieder,
   gerade so wie's uns gefällt.

3. Manchmal reiten wir ganz langsam,
   ja, ganz langsam durch die Welt.
   Auf und nieder, immer wieder,
   gerade so wie's uns gefällt.

    langsamer singen und weiter im Grundschlag reiten

4. Aber manchmal geht's auch schneller,
   ja ganz schnell geht's durch die Welt.
   Auf und nieder, immer wieder,
   gerade so wie's uns gefällt.

    schneller singen und weiter im Grundschlag reiten

Variante: Bewegungsspiel für ältere Kinder

Material: 1 Reifen pro Kind
Ausgangsposition: Eltern-Kind-Paare im Raum verteilt

Der Reifen wird um den Bauch des Kindes gelegt und von dem Erwachsenen wie ein Zügel gehalten. Beide „reiten" zum Liedtext durch den Raum.

Auf dem Reitturnier

Musik: trad.
Text: Elke Gulden/Bettina Scheer

Heu-te ist ein Reit-tur-nier, da-für sind wir al-le hier. Un-ser
Pferd-chen läuft im Kreis, um den al-ler-ers-ten Preis.

Alter: ab 12 Monaten

1. Heute ist ein Reitturnier,   im Grundschlag reiten
   dafür sind wir alle hier.
   Unser Pferdchen läuft im Kreis,
   um den allerersten Preis.

2. Hopp, hopp, hopp, im Galopp.   im Grundschlag reiten
   hopp, hopp, hopp und plötzlich Stopp!   abrupt stoppen
   Alles hält den Atem an,
   ob es jetzt noch springen kann?

3. Und jetzt springt's über den Barren,   im Grundschlag reiten, das Kind bei „springen" hochheben
   wie die Gegner alle starren.
   Fehlerfrei am Wassergraben,
   ja, das wollen alle haben.

4. In der allerletzten Runde,   im Grundschlag reiten
   sparen wir noch 'ne Sekunde.
   Unser Pferdchen hat gewonnen   Kind hochheben und in der Luft drehen
   und den ersten Preis bekommen.   Kind küssen

Der Weihnachtsmann

Alter: ab 6 Monaten

Der Weihnachtsmann, der Weihnachtsmann,   im Grundschlag reiten
spannt seinen großen Schlitten an.

Mit Päckchen ist er voll beladen,
die Kinder sind zuhaus' und warten.

Er fährt bergauf, er fährt bergab,   Beine aufstellen, sich auf den Rücken legen
schon rutschen die Päckchen den Schornstein hinab.   Kind auf die Knie heben und runterrutschen
                                                 lassen

Körperspiellieder

Unter „Körperspielliedern" sind Sprechverse und Lieder zusammengefasst, in denen entweder Bewegungen direkt am Körper ausgeführt werden oder in denen die Benennung einzelner Körperteile im Vordergrund steht.

Körperspiellieder haben über die Anregung des Tastsinns und der emotionalen Kompetenz hinaus das Ziel, Kinder bewusst ihren Körper näher zu bringen. Mit ca. 12 Monaten beginnen Kinder sich für ihren eigenen Körper bzw. für einzelne Körperteile zu interessieren. Sie lieben Lieder, in denen diese benannt werden, und beginnen ziemlich schnell, die besungenen Körperteile zu zeigen. Das „Be-greifen" von Sprache tritt hier in den Vordergrund (s. S. 7 „Motorik"). Auch die Bewegungskoordination wird dadurch geübt: Die Nase der Mutter zu zeigen ist eine Sache, die eigene Nasenspitze mit dem Finger zu treffen, eine andere.

Lauft, Finger, lauft!

 Nr. 4

Musik: Ralf Kiwit

Text: Elke Gulden/Bettina Scheer

Lauft, Fin - ger, lauft und bleibt nicht steh'n,

lauft ganz schnell bis zu den Zeh'n. Wünscht dann al - len:

Ei - nen gu - ten Tag! Fühlt, wie ich euch ger - ne mag.

Alter: ab 6 Monaten

1. Lauft, Finger, lauft und bleibt nicht steh'n,
   lauft ganz schnell bis zu den Zeh'n.
   Wünscht dann allen: Einen guten Tag!
   Fühlt, wie ich euch gerne mag.

   mit den Fingern von den Ohren des Kindes bis zu
   den Zehen entlang tippeln
   jeden Zeh drücken
   den Fuß küssen, kitzeln oder anprusten

2. Lauft, Finger, lauft und bleibt nicht steh'n,
   lauft ganz schnell weg von den Zeh'n.
   Wünscht den Ohren: Einen guten Tag!
   Fühlt, wie ich euch gerne mag.

   mit den Fingern von den Zehen des Kindes bis zu
   den Ohren entlang tippeln
   die Ohren antippen
   an den Ohrläppchen zupfen

   Wdh. 1. Strophe

3. Lauft, Finger, lauft und bleibt nicht steh'n,
   lauft ganz schnell weg von den Zeh'n.
   Wünscht den Schultern: Einen guten Tag!
   Fühlt, wie ich euch gerne mag.

   mit den Fingern von den Zehen des Kindes bis zu
   den Schultern entlang tippeln
   auf den Schultern hin und her tippeln
   die Schultern leicht massieren

Von den Füßen bis zum Kopf

Musik u. Text: Elke Gulden/Bettina Scheer

| C | G | C | F | C | F | G7 | C |

Fü - ße, Kni - e, Schul - tern, Kopf, ich pack' dich gleich an dei - nem Schopf!

| Em | F | C | F | C | G7 | C |

Au - gen, Na - se, Mund und Bauch, kit - zeln wer - de ich dich auch!

Alter: ab 6 Monaten

Füße, Knie, Schultern, Kopf,   alle genannten Körperteile antippen
ich pack' dich gleich an deinem Schopf!
Augen, Nase, Mund und Bauch,
kitzeln werde ich dich auch!   das Kind kitzeln

Oben wächst mein Haar

Alter: ab 6 Monaten

Oben wächst mein Haar,   auf die Haare zeigen
drunter steht ein Augenpaar.   auf die Augen zeigen

Hände hab' ich auch gleich zwei,   Hände drehen
eilen zu meinen Füßen herbei.   mit den Fingern an den Beinen
                                                 entlang zu den Füßen laufen

Dabei kribbeln und krabbeln sie umher,   am Körper kitzeln
kitzeln mögen sie gar sehr.

41

Fünf kleine Zappelfinger

Musik: trad.
Text: Elke Gulden/Bettina Scheer

Fünf klei - ne Zap - pel - fin - ger zap - peln hin und her,

fünf klei - ne Zap - pel - fin - ger lang - wei - len sich sehr.

Alter: ab 6 Monaten

1. Fünf kleine Zappelfinger zappeln hin und her,
   fünf kleine Zappelfinger langweilen sich sehr.

   fünf Finger einer Hand hochhalten und zappeln lassen

2. Fünf kleine Zappelfinger tippeln auf dem Kopf,
   fünf kleine Zappelfinger streicheln deinen Schopf.

   alle Bewegungen wie im Text

3. Fünf kleine Zappelfinger krabbeln hoch den Arm,
   fünf kleine Zappelfinger wollen Rutschbahn fahr'n.

4. Fünf kleine Zappelfinger kitzeln dich am Bauch,
   fünf kleine Zappelfinger mögen das wohl auch.

5. Fünf kleine Zappelfinger raufen mit der Hand,
   fünf kleine Zappelfinger werden schnell verbannt.

6. Fünf kleine Zappelfinger kitzeln dich am Fuß,
   denken sich: 's reicht für heut' und machen drum jetzt Schluss.

Was können deine Hände alles

Musik: trad.
Text: Elke Gulden/Bettina Scheer

Alter: ab 12 Monaten

1. Was können deine Hände alles,
   la, la, la, la, la.
   Sie können klatschen, la, la, la, la,
   la, la, la, la, la.

   die Hände des Kindes berühren

   in die Hände klatschen

2. Was können deine Füße alles,
   la, la, la, la, la.
   Sie können stampfen, la, la, la, la,
   la, la, la, la, la.

   die Füße des Kindes berühren

   mit den Füßen stampfen

3. Was können deine Haare alles,
   la, la, la, la, la.
   Sie könn' sich schütteln, la, la, la, la,
   la, la, la, la, la.

   dem Kind über die Haare streichen

   wild mit dem Kopf schütteln

Varianten

Für weitere Strophen werden einfach die Bewegungen bzw. die Körperteile ersetzt. Die Hände können reiben, patschen, winken oder schnippen, die Füße können strampeln oder reiben, die Arme können sich recken, strecken oder schütteln...

Auf den Füßen tupfen wir

Alter: ab12 Monaten

Auf den Füßen tupfen wir,
auf den Beinen streichen wir,
auf den Popo klopfen wir,
auf dem Bauch, da krabbeln wir,
in den Haaren kraulen wir
und plötzlich, da verschwinden wir.

alle Körperteile mit den Händen berühren

Ganz viel Schnee

überliefert

Alter: ab 12 Monaten

Schnee, Schnee, Schnee,	die Hände mit zappelnden Fingern von oben nach unten bewegen
Schnee bis an die Knie,	die Knie anfassen
Schnee bis an die Nasenspitze,	die Nasenspitze anfassen
Schnee bis an die Zipfelmütze.	mit den Händen eine Zipfelmütze auf dem Kopf andeuten und mit dem Kopf wackeln

Schneegestöber

Alter: ab 12 Monaten
Material: 1 weißer Wattebausch pro Kind

Schneeflöckchen fallen vom Himmel ganz leis', sie hüllen die Welt in traumhaftes Weiß.	Wattebausch fallen lassen
Halt dein Gesicht mal in den Schnee, die Flöckchen tun bestimmt nicht weh.	Kopf sanft in den Nacken legen
Sie landen zwar in deinem Gesicht, doch lange bleiben werden sie nicht.	das Gesicht des Kindes mit dem Wattebausch betupfen

Regen, Regen, tropf, tropf, tropf

überliefert; Text 3. Strophe: Elke Gulden/Bettina Scheer

Alter: ab 12 Monaten

Regen, Regen tropf, tropf, tropf, fällt auf deinen Kopf, Kopf, Kopf.	Finger zappelnd von oben nach unten bewegen mit den Fingern sanft auf den Kopf des Kindes klopfen
Fällt auf deine Hand, Hand, Hand, nass wird's ganze Land, Land, Land.	mit den Fingern sanft auf die Hand des Kindes klopfen mit der flachen Hand auf den Boden patschen
Hättest du 'nen Schirm dabei, wär' dir der Regen einerlei.	beide Arme zu einem Kreis über dem Kopf formen

➜ S. 120 „Regenschirme"

Ich habe zwei Augen

Musik u. Text: trad.

Ich ha - be zwei Au - gen, ich hab' ei - nen Mund, 'ne

Na - se, zwei Oh - ren, bin froh und ge - sund. Hol - la di - hia,

hol - la di - ho, hol - la di - hop - sas - sa, hol - la di - ho.

Alter: ab 12 Monaten

1. Ich habe zwei Augen, ich hab' einen Mund,   auf die besungenen Körperteile zeigen
   'ne Nase, zwei Ohren, bin froh und gesund.
   /:Holla di-hia, holla di-ho,   im Grundschlag klatschen
   holla di-hoppsassa, holla di-ho.:/

2. Ich habe zwei Füße, ich hab' einen Bauch,   auf die besungenen Körperteile zeigen
   zwei Hände, zehn Finger, die habe ich auch.
   /:Holla di hia, holla di-ho,   im Grundschlag klatschen
   holla di-hoppsassa, holla di-ho.:/

Finger Hups und Nase Stups

Alter: ab 12 Monaten

Das ist die Nase Stups,   auf die Nasenspitze des Kindes tippen
sie steht immer still.
Das ist der Finger Hups,   Zeigefinger zeigen und über den Körper hüpfen
er hüpft wohin er will.

Und an manchem schönen Tag,
wenn er es gerade mag,
dann springt der Finger Hups
auf die Nase Stups.   auf die Nasenspitze springen

Er reibt mal hier, er reibt mal dort,   die Nasenflügel reiben
und plötzlich ist er wieder fort.   den Zeigefinger über den Bauchnabel weghüpfen lassen

Weißt du, was die Papas machen?

 Nr. 6
Musik: trad.
Text: Elke Gulden/Bettina Scheer

Weißt du, was die Pa-pas ma-chen, wenn sie mor-gens früh auf-wa-chen?

Dann geh'n sie zu - erst ins Bad und ra - sie - ren sich den Bart.

Alter: ab 18 Monaten

1. Weißt du, was die Papas machen,   fragend mit den Schultern zucken
   wenn sie morgens früh aufwachen?   Arme nach oben recken
   Dann geh'n sie zuerst ins Bad   Gehbewegung am Platz
   und rasieren sich den Bart.   über die eigenen Wangen streichen

2. Zum Duschen brauchen sie 'ne Weile,   eine Hand über den Kopf halten, mit den Fingern zappeln
   waschen alle Körperteile:
   Bauch, Bein, Arm und Po und Knie   besungene Körperteile berühren
   alles das vergessen sie nie.

3. Danach waschen sie die Haare   durch die Haare wuscheln
   bevor sie dann zur Arbeit fahren.
   Shampoonieren sie sich ein,
   mmh, dann riechen sie ganz fein.   Nase kräuseln

4. Sind sie dann auch wieder trocken,   Haare schütteln
   suchen sie sich Hemd und Socken.   Oberkörper und Füße berühren
   Haben sie dann alles an,
   kommt ein leck'res Frühstück dran.   mit der Zunge über die Lippen fahren

5. Butterbrot und Marmelade,   im Grundschlag klatschen
   Kaffee, Tee und Schokolade.
   Zähneputzen kommt zum Schluss,
   jetzt gibt es den Abschiedskuss.   das Kind küssen

Eine Feder streichelt dich

Alter: ab 18 Monaten
Material: 1 große, weiche Kunstfeder pro Kind

Ich hab' euch eine Feder mitgebracht,
sie will euch streicheln – ganz, ganz sacht.

Feder aus der geschlossenen Hand hervor zaubern

Sie fährt langsam über eure Hand,
erst in der Mitte, dann am Rand.

Bewegungen wie im Text

Auch den Arm fährt sie hinauf – hinunter,
die kleine Feder ist wirklich munter.

Auch euer Bein will sie berühren,
könnt ihr sie dort spüren?

Nun kitzelt sie den großen Zeh,
das kribbelt, tut jedoch nicht weh.

Sie überlegt: Wo war ich denn noch nicht?
Ah, richtig! Ich muss noch zum Gesicht!

Jetzt sagt die Feder: Tschüß, es war nett!
Feder hoch halten und verbeugen
Doch jetzt bin ich müde, ich geh' zu Bett.
Feder in der Hand verschwinden lassen

Hinweis: Bitte nur Kunstfedern verwenden – echte Vogelfedern sind Bakterienüberträger.

Dreh die Hände

Alter: ab 24 Monaten

Dreh die Hände flink herum,
Hände drehen
roll sie dann, das ist nicht dumm.
Hände schnell umeinander herum führen

Tipp die Finger leicht im Takt
Finger aneinander tippen
schnipps sie dann, das ist kein Akt.
mit den Fingern schnippen

Schwing die Arme hin und her
Arme neben dem Körper vor- und zurückschwingen
streck sie hoch, das ist nicht schwer.
Arme nach oben strecken

Flatter mit den Ellenbogen,
Arme anwinkeln und damit „flattern"
klopf sie dann noch auf den Boden.
Ellenbogen auf den Boden klopfen

Nicken mit dem Kopf, das muss noch sein,
mit dem Kopf nicken
(Kopf dabei nicht in den Nacken nehmen)

schüttel ihn, das heißt: Nein, Nein!
mit dem Kopf schütteln

Hinweis: Beim Wiederholen des Verses immer schneller werden.

Meine Arme nehm' ich hoch

 **Nr. 7**

Musik: Ralf Kiwit
Text: Elke Gulden/Bettina Scheer

Meine Arme nehm' ich hoch, meine Arme nehm' ich tief, einmal gerade, einmal schief. Klatsche mit den Händen hin und her, klopfe auf den Boden, das ist nicht schwer.

Alter: ab 24 Monaten

1. Meine Arme nehm' ich hoch,
   meine Arme nehm' ich tief,
   einmal gerade, einmal schief.
   Klatsche mit den Händen hin und her,
   klopfe auf den Boden, das ist nicht schwer.

2. Meine Beine nehm' ich hoch,
   meine Beine nehm' ich tief,
   einmal gerade, einmal schief.
   Stampfe auf den Boden kreuz und quer,
   will nun kräftig toben, das ist nicht schwer.

3. Meinen Kopf nehm' ich hoch,
   meinen Kopf nehm' ich tief,
   einmal gerade, einmal schief.
   Schüttel meine Haare hin und her,
   auch mal kreuz und auch mal quer.

4. Meine Schultern nehm' ich hoch,
   meine Schultern nehm' ich tief,
   einmal gerade, einmal schief.
   Rolle sie nach vorne, eins, zwei, drei,
   rolle sie nach hinten, jetzt ist's vorbei!

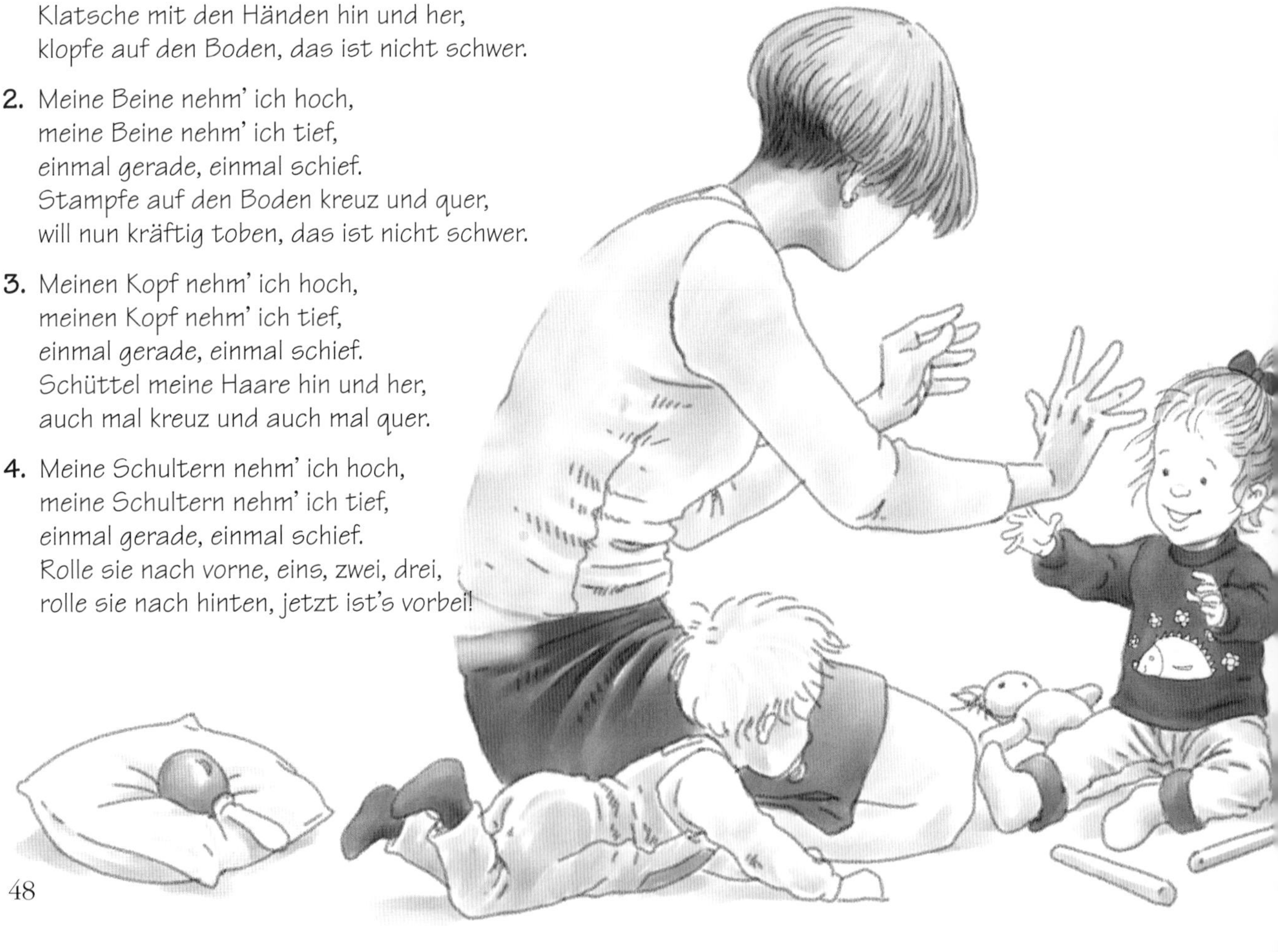

Bewegungen wie im Text

Fingerspiele

Fingerspiele zählen zu den „psychomotorischen Spielen". Sie fördern zum einen die Grob- und Feinmotorik, indem die Kinder die Bewegungen mit Händen und Fingern im Laufe der Zeit selbstständig ausführen, zum anderen die Entwicklung psychischer Komponenten wie Gefühle, Denken und Sozialverhalten. Fingerspiele erzählen in der Regel kleine Geschichten, durch die die Kinder angeregt werden mitzudenken und mitzufühlen.

In keiner anderen Lied- oder Verskategorie ist die Spielleitung als ErzählerIn so sehr gefordert wie hier: Der Spannungsbogen muss mimisch und artikulatorisch herausgearbeitet werden. Dabei darf das Fingerspiel weder abgelesen noch heruntergeleiert werden. Entscheidend sind Tonlage (aufsteigend – abfallend), Lautstärke (laut – leise, flüstern – schweigen) und Geschwindigkeit (schnell – langsam) sowie auch hartes und weiches Sprechen – der Ton macht die Musik!

Wichtig ist selbstverständlich auch die Mimik, die jedes Fingerspiel begleitet. Bereits kleine Kinder setzen nicht nur ihre Hände ein, sondern ahmen auch Gesichtsausdrücke nach. Mit Mimik und Stimmbildung werden ebenfalls feinmotorische Abläufe geschult.

Darüber hinaus unterstützen Fingerspiele natürlich die Sprachbildung der Kinder. Dies geschieht sowohl auf inhaltlicher und grammatikalischer als auch auf emotionaler und motorischer Ebene: Die Kinder lernen Worte inhaltlich begreifen, indem diese durch Bewegungen dargestellt werden. Der Sprachrhythmus und die Sprachmelodie fördern ihre Emotionale Intelligenz (s. S. 12 „Emotionalität").

Nicht vergessen werden darf auch die motorische Förderung der Sprechmuskulatur, ohne die Sprechen überhaupt nicht möglich wäre. Um deutlich sprechen und Laute richtig bilden zu können, muss sie entsprechend ausgebildet sein. Einige Fingerspiele zielen dabei auf die spielerische Förderung von Mundgefühl und Mundmotorik sowie die Stimmbildung ab (s. S. 10 „Sprache").

Wird ein neues Fingerspiel eingeführt, werden das erste Mal nur die Bewegungen ausgeführt. Die Kinder können sich so auf die motorische Komponente konzentrieren. Nach zwei bis vier Wiederholungen kommt die Sprache hinzu. Diese Vorgehensweise fördert zum einen besonders die Konzentrationsfähigkeit, zum anderen wird den Kindern die Imitation der einzelnen Komponenten erleichtert, denn Kleinkindern ist es noch nicht möglich, sich auf mehrere Ausdrucksmöglichkeiten gleichzeitig zu konzentrieren.

Grundsätzlich werden die Hände der Kinder beim Fingerspiel nicht geführt, sondern die Eltern machen die Bewegungen mit den eigenen Händen vor. Die Kinder entscheiden selbst, wann sie motorisch aktiv das Geschehen begleiten. Versucht ein Kind allerdings eine Bewegung durchzuführen, die ihm nicht gelingt, können die Eltern seine Hände ein oder zweimal führen, um es den Bewegungsablauf spüren zu lassen. Danach sollte das Kind die Bewegung wieder selbst ausprobieren dürfen.

Ameisen flitzen

Alter: ab 6 Monaten

Aus einem großen Haus schaut eine kleine Maus.	mit den Händen ein Dach formen
Da sieht sie in den Ritzen viele Ameisen flitzen.	Hand Ausschau haltend über die Augen legen
Sie flitzen hin, sie flitzen her, es werden immer, immer mehr.	mit den Fingern über den Körper des Kindes krabbeln das Kind kitzeln

Weihnachtszeit

Alter: ab 6 Monaten

Hurra, hurra, es ist soweit, jetzt beginnt die Weihnachtszeit!	
Wir zünden die erste Kerze an,	kleine Fingerkuppe drücken
wir zünden die zweite Kerze an,	Ringfingerkuppe drücken
wir zünden die dritte Kerze an,	Mittelfingerkuppe drücken
wir zünden die vierte Kerze an –	Zeigefingerkuppe drücken
und dann kommt der Weihnachtsmann!	Daumenkuppe drücken

Obstsalat

Alter: ab 6 Monaten

Der Erste schneidet Apfelscheiben, der Zweite holt die Dattelfeigen. Der Dritte schneidet Birnen klein, der Vierte hackt die Nüsse fein. Der Fünfte rührt das alles zart zu einem leck'ren Obstsalat	zu jeder Zeile die passende Fingerkuppe drücken

Frau Holle

Alter: ab 12 Monaten

Wir schütteln uns're Betten aus,   mit den Armen Bewegung nachahmen
's fällt weicher, weißer Schnee heraus.   Finger zappelnd von oben nach unten bewegen

Die Flöckchen fallen ohne Ruh'   mit den Händen flach über den Boden streichen
und decken die ganze Erde zu.

Variante als Bewegungsspiel

Auf ein Schwungtuch werden weiße Wattebällchen gelegt. Kinder und Eltern schütteln gemeinsam die weißen Flocken wild durcheinander.

Ei, wer kommt denn da daher?

überliefert

Alter: ab 12 Monaten

Ei, wer kommt denn da daher?   mit den Handflächen auf den Boden patschen
Ist das nicht der braune Bär?

Oder gar der Elefant   mit den Fäusten auf den Boden schlagen
aus dem fernen Morgenland?

Nein, es ist ein kleines Mäuselein,   mit zwei Finger über den Boden trippeln
das läuft trippeltrappel, trippeltrappel
in sein Häuschen rein.   Kind am Bauch kitzeln

Wo sind die Finger?

Alter: ab 12 Monaten

Wo ist der Daumen? Komm aus deinem Versteck!	mit den Fingern der anderen Hand den Daumen umschließen
Hier ist der Daumen, schaut ganz frech und keck!	Daumen zeigen Daumen hin und her bewegen
Wo ist der Zeigefinger? Komm aus deinem Versteck!	mit den Fingern der anderen Hand den Zeigefinger umschließen
Hier ist der Zeigefinger, schaut ganz frech und keck!	Zeigefinger zeigen Zeigefinger hin und her bewegen

Nacheinander alle Finger durchgehen, dabei kann die Reihenfolge der Finger variiert werden.

Hinweis: Lustiger wird es, wenn die Fingerkuppen kleine Gesichter tragen. Dazu Gesichter auf kleine runde Aufkleber malen und diese auf die Fingerkuppen kleben.

Finger spielen

Alter: ab 12 Monaten

Fünf Finger stehen so herum, doch der Daumen ist nicht dumm.	alle Finger zeigen
So sagt er zu den andern Vier: Wer kommt herbei und spielt mit mir?	mit dem Daumen wackeln
Zeigefinger will nach Haus', Mittelfinger nimmt Reißaus.	Zeigefinger einknicken Mittelfinger einknicken
Ringfinger entschuldigt sich: Ich muss jetzt sofort zu Tisch.	Ringfinger einknicken
Da klingt es deutlich: Ich hab' Zeit! So spielt er mit dem Kleinen zu zweit.	mit dem kleinen Finger wackeln kleinen Finger und Daumen zusammen führen

Fünf kleine Geister

Alter: ab 12 Monaten

Fünf kleine Meister verkleiden sich als Geister.	mit den Fingern zappeln
Sie schweben ganz wild umher, denn spuken fällt nicht schwer.	
Hoho, ertönt es tief von einem, hihi, hört man von dem Kleinen.	Daumenkuppe drücken kleinen Finger drücken
Huhu, rufen laut die andern Drei, die Uhr schlägt eins, da ist's vorbei!	andere Fingerkuppen drücken mit der anderen Hand einmal auf den Boden patschen

➜ S. 122 „Mobile der kleinen Geister"

Elise geht spazieren

Alter: ab 18 Monaten

Auf einer großen, grünen Wiese geht spazieren die kleine Elise.	auf der linken Handfläche mit den Fingern der rechten Hand spazieren gehen
Erst läuft sie viel im Kreis umher, doch das langweilt sie bald sehr.	auf der Handfläche mit einem Finger kreisen
Da sieht sie vor sich auf dem Boden fünf Äste liegen – ungelogen!	den linken Handrücken nach oben drehen mit abgespreizten Fingern
Schnell läuft sie einmal drum herum, doch das wird ihr schon bald zu dumm.	mit dem rechten Zeigefinger um die Finger herum fahren
Sie sagt: Darauf kann ich auch geh'n, läuft los und bleibt nicht wieder steh'n.	mit den Fingern der rechten Hand über die abgespreizten Finger laufen
Auch drüber hüpfen kann man: so! Das macht Elise wirklich froh.	von Fingerkuppe zu Fingerkuppe hüpfen
Sie sammelt alle Äste ein und sagt: Die nehme ich mit heim!	Finger der linken Hand einzeln mit rechts zur Faust einknicken

Turmbau

Alter: ab 18 Monaten

Das wird ein großer, hoher Turm. Oh, je, da kommt ein starker Sturm.	eine Faust auf die andere setzen dagegen pusten
Jetzt fängt er schon zu wackeln an, ob das wohl noch mal gut geh'n kann?	mit beiden Fäusten wackeln
Ich glaub', gleich fällt er um, da ist es auch schon rum – bum.	mit beiden Hände auf die Erde patschen

Versteckspiel

Alter: ab 18 Monaten

Ihr Finger, seid ihr alle weg?	Hände falten, dabei die Finger in den Handinnenflächen verschränken
Nein, wir haben uns nur versteckt!	Hände umdrehen und mit den Fingern zappeln

Osterhasen hüpfen übers Gras

Alter: ab 18 Monaten

Osterhasen hüpfen übers Gras,
dabei haben sie viel Spaß.

die Fingerspitzen von Daumen, Ringfinger und kleinem
Finger einer Hand zusammenführen und mit dem „Hasen"
umher hüpfen

Sie suchen nach guten Verstecken
hinter Büschen und hinter Hecken.

„Hase" blickt sich suchend um
beim Kind unter dem Pullover, hinter dem Kopf etc. suchen

Sie legen die Eier dort ins Nest,

die Hand mit dem „Hasen" zur Faust schließen und in die
andere zum Nest ausgebreitete Hand legen

ihr Kinder findet sie am Osterfest.

die Faust wieder öffnen

Gestern war ich auf dem Spielplatz

Alter: ab 18 Monaten

Wisst ihr, was ich gestern fand?
Einen Spielplatz – auf meiner Hand!

Hand zeigen

Dort gab's ein rundes Karussell,
das drehte sich ganz blitzeschnell.

auf dem Handteller mit einem Finger kreisen

Ich setzte mich auf die Schaukel drauf
und schaukelte bis in die Wolken hinauf.

Mittelfinger strecken und beugen

Eine Rutsche gab's natürlich auch:
Ich rutschte runter – auf dem Bauch!

Finger spreizen, um jeden Finger herumfahren

Dann war es Zeit nach Haus zu geh'n,
drum winkte ich: Auf Wiederseh'n!

mit den Fingern auf den Boden tippeln
winken

Fünf Tiere

Alter: ab 18 Monaten

Fünf Tiere wohnen in meinem Zoo, sie sind von morgens bis abends froh.	mit den Fingern einer Hand zappeln
Der Affe schwingt von Ast zu Ast, er macht nie Pause und nie Rast.	Daumen zeigen mit dem Daumen nacheinander die anderen Fingerkuppen antippen
Im großen Fluss wohnt das Krokodil, es schläft und träumt, es wär' im Nil.	Zeigefinger zeigen schlafen darstellen
Im dritten Gehege lebt die Giraffe, ihr Hals ist lang, sie neckt den Affen.	Mittelfinger zeigen mit dem Mittelfinger auf den Daumen tippen
Als viertes siehst du dort den Vogel, er fliegt hoch am Himmel droben.	Ringfinger zeigen am Himmel entlang fliegen
Als letztes wohnt hier noch die Katze, sie schleicht ganz leise auf ihrer Tatze.	kleinen Finger zeigen am Boden entlang schleichen

→ S. 123 „Giraffen"

Regenpfützen

Alter: ab 18 Monaten

Regnet es die ganze Zeit, sind auch Pfützen nicht mehr weit.	mit den Fingern auf die Handinnenfläche trommeln
Gummistiefel zieh'n die Kinder an, dann nichts wie raus – alle Mann!	über die Füße streichen mit den Fingern am Boden gehen
Von Pfütze zu Pfütze hüpfen sie und summen eine Melodie.	von einer Fingerkuppe zur nächsten hüpfen

Geburtstagskerzen

Alter: ab 18 Monaten

Geburtstag feiert Tobi heute, eingeladen hat er viele Leute.	einladende Armbewegung
Auf dem Kuchen sehn wir rote Herzen, darauf brennen auch fünf Kerzen.	Herz in die Luft malen fünf Finger einer Hand zeigen
Auspusten muss er alle gar, wir wissen jetzt, er wird fünf Jahr'.	
1 – 2 – 3 – 4 – 5!	gegen jeden einzelnen Finger pusten und in der Hand verschwinden lassen

→ S. 118 „Kerzenverzierung"

Faschingsball

Alter: ab 24 Monaten

Meine Finger geh'n zum Faschingsball,
Masken seh'n wir überall.

Der Daumen geht als dicker Hase,
er schmatzt und tippt dich auf die Nase.

Der Zeigefinger geht als Elefant,
trötet laut durchs ganze Land.

Der Mittelfinger hat gut lachen:
als Clown macht er ganz tolle Sachen.

Der Ringfinger geht als Schlossgespenst,
er fragt sich, ob du ihn erkennst?

Der Kleinste geht als Schmetterling,
alles flüstert: Was ein hübsches Ding!

mit den Fingern zappeln

jeweils die genannte Fingerkuppe des Kindes drücken

Variante

Das Fingerspiel lässt sich besonders gut mit „Fingerverkleidungen" umsetzen:
Die Vorlagen kopieren, die Verkleidungen ausschneiden und um die passenden Finger legen. An der Rückseite mit einem Tropfen Klebstoff oder einem Stück Tesafilm zusammenkleben, sodass sie immer wieder schnell auf die Finger gesteckt werden können.

In einem kleinen Häuschen

Alter: ab 24 Monaten

In einem kleinen Häuschen	mit den Händen ein Dach formen
ist's wie in einem Zoo.	
Da tanzen viele Mäuschen	mit allen Fingern tippeln
und auch ein kleiner Floh.	mit einem Finger tippen
Sie tanzen auf und nieder,	Finger entsprechend des Textes bewegen
sie tanzen hin und her,	
sie tanzen immer wieder,	
das fällt ihnen gar nicht schwer.	
Doch plötzlich geht die Türe auf,	mit einem Arm die Bewegung nachahmen
oh welch ein Schreck und Graus:	Hände an die Wangen legen
Die schwarze Katze kommt herauf,	mit den Handflächen über den Boden schleichen
schaut nach kleinen Mäusen aus.	Hand Ausschau haltend über die Augen legen
Sie will sich eine fangen	mit den Händen die Bewegung nachahmen
zum leck'ren Abendschmaus.	mit einer Hand über den Bauch streichen
Doch der Floh, der war nicht bange,	den Kopf schütteln
er hilft natürlich seiner Maus.	mit dem Kopf nicken
Er springt und sticht die Katze	mit einem Finger das Kind pieksen
von hinten in die Tatze.	
Die Katze ist erschrocken	kurz hörbar einatmen
und macht sich auf die Socken.	mit den Handflächen schnelle Schleichbewegungen nachahmen
Die Mäuschen feiern ihren Floh,	
die Katz' ist weg. Nun sind sie froh.	laut ausatmen

Spaziergang

Alter: ab 24 Monaten

Ich geh' spazieren durch den Wald,	Handflächen auf die Oberschenkel patschen
werd' ich müde, mach ich Halt.	gähnen
Höre Geräusche überall,	Hand ans Ohr legen
ich glaub', da singt die Nachtigall.	pfeifen
Blätter rascheln ganz leise im Wind,	Handflächen aneinander reiben
rufen mir zu: Hallo, mein Kind!	winken
Am Himmel glänzt die Mittagssonne,	Halbkreis mit den Armen
sie glänzt und scheint mit großer Wonne.	Stille
Auch zwei Spechte kann ich hören –	mit den Fingerknöcheln auf den Boden klopfen
wirklich, ich kann es beschwören!	Finger zum Schwur heben
Langsam fang ich an zu träumen,	
singen da Indianer in den Bäumen?	Indianergeheul

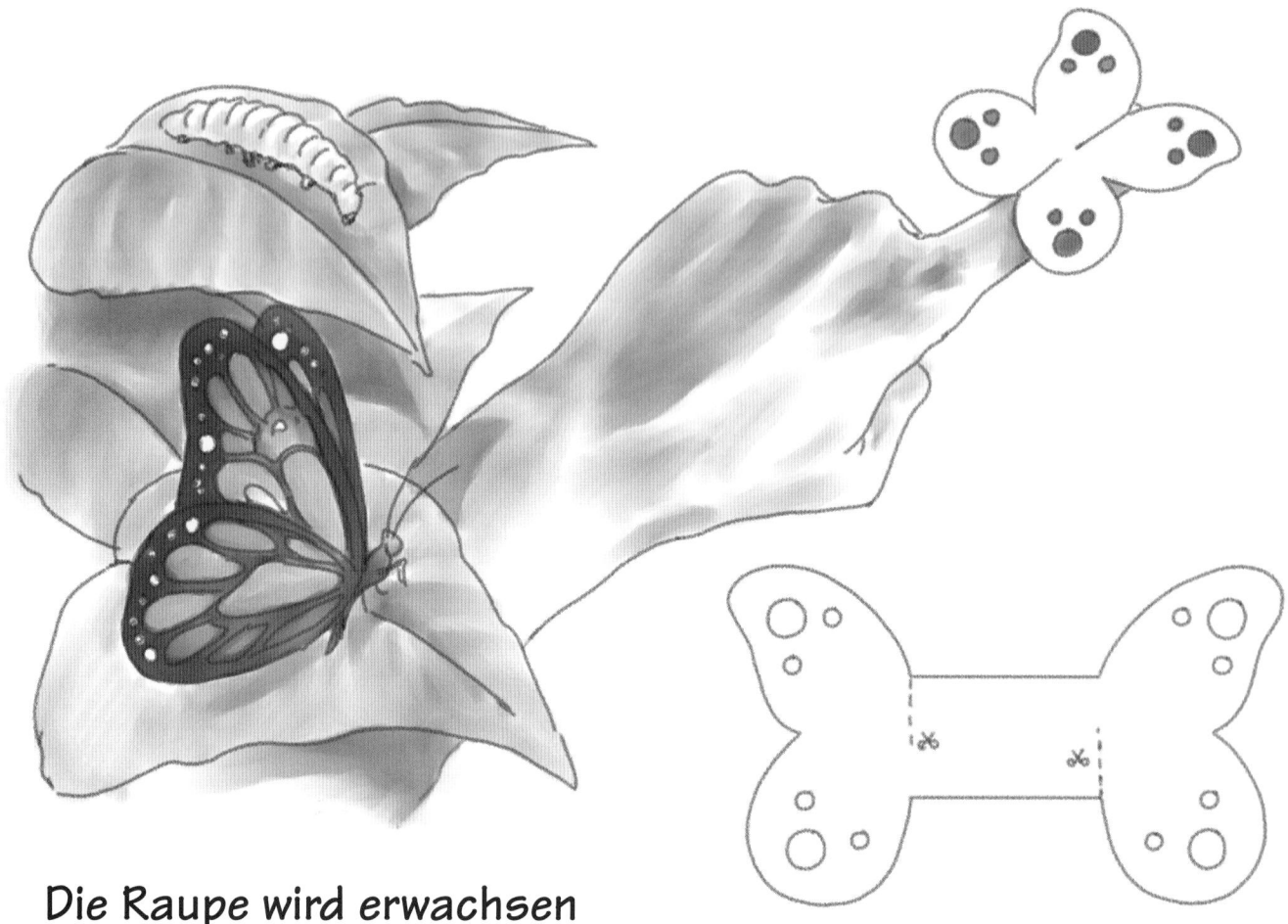

Die Raupe wird erwachsen

Alter: ab 24 Monaten

Langsam kriecht die Raupe durch den Wald.
Bei einem schönen, grünen Blatt macht sie halt.

mit dem Zeigefinger zur anderen Hand kriechen
und sich dort niederlegen

Müde schläft die Raupe ein,
träumt von Blumenwiesen und Sonnenschein.

Finger der Handfläche über die Raupe legen

Doch was passiert denn plötzlich da?
Dort, wo eben noch die Raupe war,

Flügel ausbreiten und die Handfläche wieder öffnen

sitzt jetzt ein hübsches kleines Ding:
Ich glaub', es ist ein Schmetterling!

Da fliegt er auch schon fort
und sucht sich einen neuen Ort.

mit dem Schmetterling fortfliegen

Hinweis: Dieses Fingerspiel ist für Kinder noch interessanter, wenn sich tatsächlich ein kleiner Schmetterling entpuppt. Dieser ist schnell gebastelt:
Aus buntem Papier nach der Vorlage einen Schmetterling ausschneiden, dabei den Steg von rechts unten und links oben ca. 1,5 cm einschneiden.
Der linke Flügel wird nach unten, der rechte Flügel nach oben gedreht und die beiden Einschnitte werden ineinander gehakt.
Der Schmetterling wird über den Zeigefinger gestreift. Zu Beginn des Fingerspiels werden die Flügel um den Finger herumgerollt und passend zum Text ausgebreitet. So entsteht aus der Raupe ein fliegender Schmetterling.

Drachen fliegen

Alter: ab 24 Monaten

Gerade weht ein starker Wind,   kräftig pusten, die Hand mit dem Winddrachen hinter dem Körper verstecken

lässt Drachen fliegen ganz geschwind.   den Drachen hervorfliegen lassen

Der Drachen steigt und fliegt herab,   Drachen wie im Text bewegen
passt auf: ein Sturzflug – das war knapp!

Glück gehabt, alles blieb heil,   Drachen hin und her fliegen lassen
der Drachen tanzt an seinem Seil.

→ S. 121 „Drachen"

Ein kleiner Fisch schwimmt hin und her

Alter: ab 24 Monaten

Ein kleiner Fisch schwimmt hin und her,   eine Hand aufstellen und Schlängelbewegungen machen
im großen, weiten, blauen Meer.

Da trifft er auf den Kugelfisch   mit der anderen Hand die gleiche Bewegung machen
und dieser bittet ihn zu Tisch.

Er will mit ihm leck're Algen essen,   Essbewegungen mit der Hand machen
denn darauf sind Fische ganz versessen.

Doch kaum seh'n sie ein Fischernetz,   mit verschränkten Fingern ein Netz darstellen
schon folgen sie dem Fischgesetz.

Sie schwimmen in and'rer Richtung weiter,   Schlängelbewegung wiederholen
freuen sich und bleiben heiter.

→ S. 124 „Bunte Fische"

Was gibt's heute in der Küche?

Alter: ab 30 Monaten

Heute geh'n wir in die Küche,
mmh, was sind das für tolle Gerüche.

mit den Händen auf die Oberschenkel patschen
schnuppern

Auf dem Herd seh' ich das Wasser sprudeln:
blubblubblub – ich glaub' heute gibt's Nudeln.

Handinnenflächen nach oben drehen und mit den
Fingern zappeln

Schnell leg' ich sie ins Wasser hinein,
mmh, die Soße schmeckt aber fein.

Finger ablecken

Doch horch: Was fliegt dort in der Küche herum?
Bzzz, eine Fliege macht da so viel Gebrumm.

suchend umher blicken

Schnell raus, schnell weg mit dir,
du gehörst nicht in die Küche hier.

Fliege mit der Hand verjagen

Aber sagt, sind die Nudeln nicht schon weich?
Wartet, ich probier sie mal sogleich.

Spagetti mit dem Mund ansaugen

Mmh, jetzt können wir endlich essen –
nein, fast hätt' ich die Katz' vergessen.

Hand gegen die Stirn schlagen

Ein Schälchen Milch stell' ich ihr her,
da freut sie sich, na bitte sehr!

einladende Geste mit der Hand

Die Milch schleckt sie, komm' und schau',
Hörst du sie auch? Sie macht: miau.

Milch schlecken

Bewegungs-, Kreis- und Tanzspiellieder

Bewegungs-, Kreis- und Tanzspiellieder fördern neben grobmotorischen Bewegungsabläufen auch die sozialen, sprachlichen und musikalischen Kompetenzen sowie darüber hinaus die Raumerfahrung der Kinder. Raumerfahrung spielt z.B. im Zusammenhang mit dem Schreibenlernen eine wichtige Rolle: Kindern, die Probleme haben zwischen den Buchstaben „b", „d" und „p" zu unterscheiden, mangelt es an räumlicher Orientierung. Sie erkennen nicht, ob der Bogen nach rechts oder links ausgerichtet sein muss oder ob der Strich nach oben oder unten verlängert werden soll.

Den Spielvorschlägen in diesem Kapitel liegen unterschiedliche Ausgangspositionen zu Grunde. Da das Erleben verschiedener Raumwege die Raumerfahrung der Kinder vertieft, sollten viele Tänze in unterschiedlichen Fassungen getanzt und unterschiedliche Wege durch den Raum gegangen werden: Die Gruppe kann sich als Schlange eindrehen, in Kurven durch den Raum laufen oder im Kreis bewegen. In Liedern, die eine offene Ausgangsposition haben, sollten die Kinder sich selbstständig und völlig unabhängig von einer vorgegebenen Richtung durch den Raum bewegen können, auch wenn Erwachsene letztendlich dazu neigen, sich in einem Kreis zusammenzufinden.

Bewegungslieder

Die Bewegungslieder in diesem Kapitel unterstützen die Entwicklung aller grobmotorischen Bewegungsabläufe der Kinder im Alter bis zu 3 Jahren. Es werden Lieder vorgestellt, deren Ziel es zum einen ist, viele unterschiedliche Körperbewegungen zu fördern, zum anderen verschiedene Bewegungsarten bestimmten Gegenständen (drehende Kreisel, fliegende Flugzeuge) oder Tieren (kriechende Schlangen, springende Frösche) zuzuordnen.

Die Unterschiede der Bewegungsentwicklung bei Kindern sind vor allem im zweiten Lebensjahr noch sehr groß. Ein Kind läuft bereits mit 10 Monaten, ein anderes erst mit 18 Monaten. Das eine Kind kann schon mit 18 Monaten springen, ein anderes lernt es erst mit 30 Monaten. Jedes Kind hat dabei seinen eigenen Zeitpunkt und jeder Zeitpunkt ist für seine Entwicklung der richtige (s. S. 10 „Sozialverhalten Eltern - Eltern"). Dies macht es allerdings so gut wie unmöglich, die Lieder mit einer Altersangabe zu versehen. Aus diesem Grund arbeiten wir mit Piktogrammen, die die Lieder in 3 Schwierigkeitsstufen einordnen:

 Kinder können noch nicht laufen und werden von ihren Eltern getragen

 Kinder können laufen, einfacher Text, einfache Bewegungsabfolgen

 Kinder können laufen, komplexer Text, komplexere Bewegungsabfolgen

Die Auswahl eines Liedes erfolgt nach dem Entwicklungsstand der Kinder. Für Gruppen sollte die Spielleitung solange die Lieder der 1. Schwierigkeitsstufe wählen, bis alle Kinder laufen können. Ansonsten steht das eine Kind, dass noch von den Eltern getragen werden muss, bei diesen Spielen außen vor. Es hat eine nicht selbst gewählte Sonderposition während des gesamten Liedes und fühlt sich aus der Gruppe ausgeschlossen.

Anders verhält es sich bei den unterschiedlichen Bewegungsarten, die in den einzelnen Liedstrophen variiert werden. Ziel der Bewegungslieder ist es, Kinder sowohl durch die Lieder als auch durch das Können der anderen Kinder zu (neuen) Bewegungen zu animieren. In diesen Liedern kommen immer mehrere unterschiedliche Bewegungsarten vor. Wenn Lisa noch nicht auf einem Bein stehen kann, ist das nicht weiter schlimm, da sie alle anderen Bewegungen im Lied ausführen kann. Sie sieht auch an anderer Stelle Paul, der im Gegensatz zu ihr noch nicht hüpfen kann.

Wie bei allen anderen Spielen sollen auch hier die Eltern mitmachen. Ist die Ausgangsposition mit „einzeln im Raum" angegeben, bedeutet dies, dass alle Mitmachenden sich im Raume verteilen, wobei immer ein Eltern-Kind-Paar zusammenbleibt.

Karussellfahrt

Musik u. Text: trad.

Auf der grü-nen Wie-se steht ein Ka-rus-sell.

Manch-mal fährt es lang-sam, manch-mal fährt es schnell.

Ein-stei-gen, fest-hal-ten, Tü-ren zu und los!

 Ausgangsposition: einzeln im Raum, Kind auf dem Arm

Auf der grünen Wiese steht ein Karussell.	im Raum umhergehen
Manchmal fährt es langsam,	langsamer singen und gehen
manchmal fährt es schnell.	schneller singen und gehen
Einsteigen, festhalten,	stehen bleiben, Kind an sich drücken
Türen zu und los!	sich mit dem Kind schnell um die eigene Achse drehen

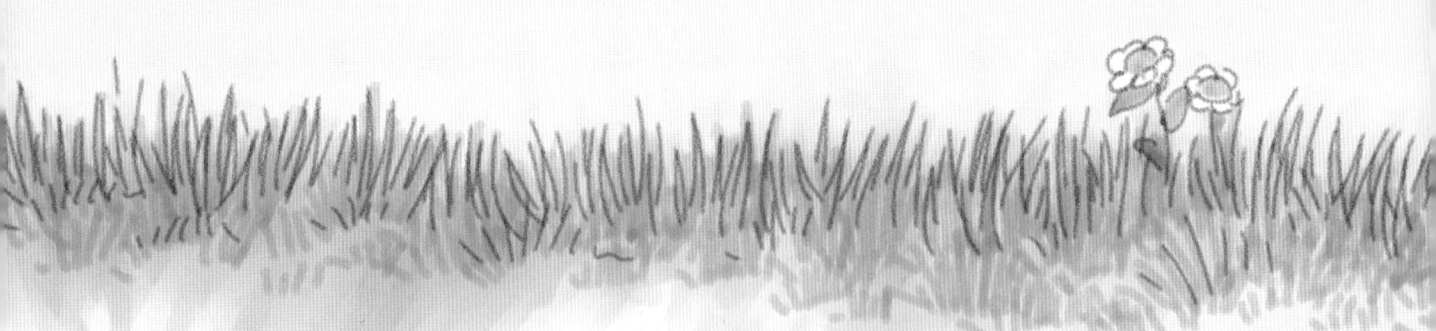

Wie schön ist das für mich

Musik: trad.
Text: Elke Gulden/Bettina Scheer

Ge - tra - gen wer - de ich, wie schön ist das für mich. Da-

bei seh' ich die Welt, oh, wie mir das gut ge - fällt.

 Ausgangsposition: einzeln im Raum, Kind auf dem Arm

1. Getragen werde ich,
   wie schön ist das für mich.
   Dabei seh' ich die Welt,
   oh, wie mir das gut gefällt.

   mit dem Kind auf dem Arm im Raum umhergehen

2. Geflogen werde ich,
   wie schön ist das für mich.
   Dabei seh' ich die Welt,
   oh, wie mir das gut gefällt.

   das Kind nach oben in die Luft strecken und es durch den Raum „fliegen" lassen

3. Geschaukelt werde ich,
   wie schön ist das für mich.
   Dabei seh' ich die Welt,
   oh, wie mir das gut gefällt.

   das Kind auf dem Arm hin und her schaukeln

Auf dem Rummel

 **Nr. 13**

Musik: trad.

Text: Elke Gulden/Bettina Scheer

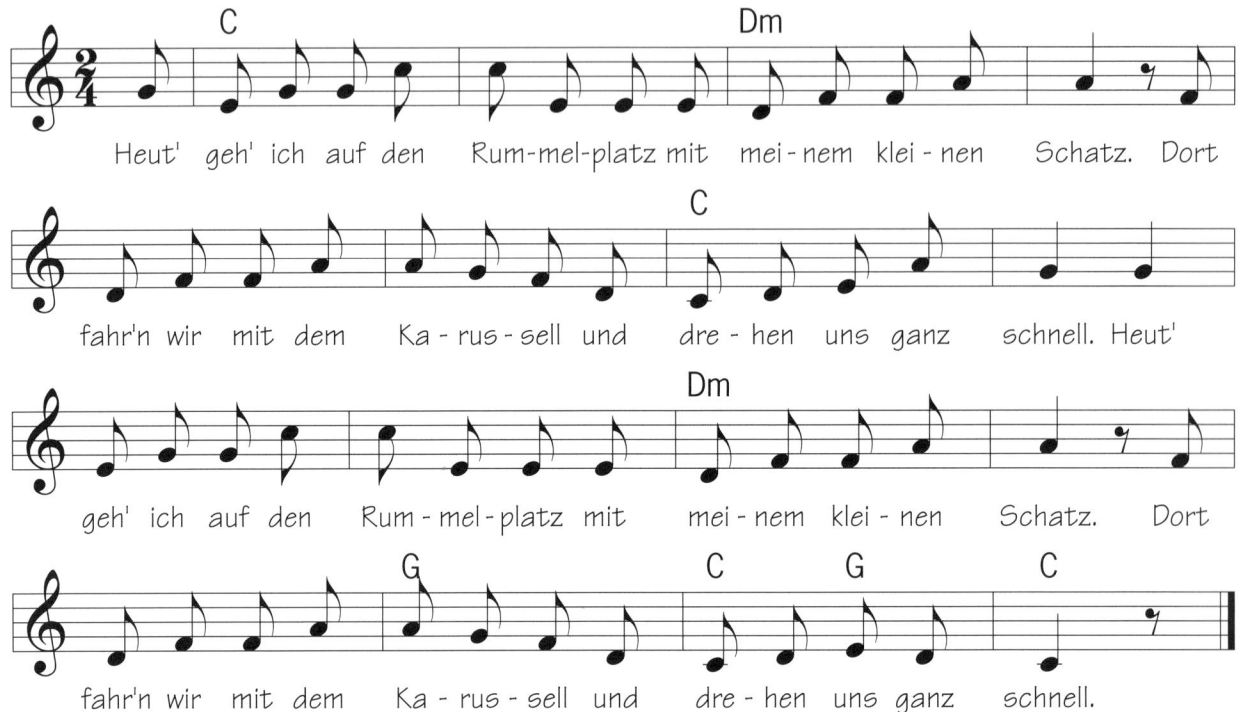

Heut' geh' ich auf den Rum-mel-platz mit mei-nem klei-nen Schatz. Dort

fahr'n wir mit dem Ka-rus-sell und dre-hen uns ganz schnell. Heut'

geh' ich auf den Rum-mel-platz mit mei-nem klei-nen Schatz. Dort

fahr'n wir mit dem Ka-rus-sell und dre-hen uns ganz schnell.

 Ausgangsposition: einzeln im Raum, Kind auf dem Arm

1. Heut' geh' ich auf den Rummelplatz   durch den Raum gehen
   mit meinem kleinen Schatz.
   Dort fahr'n wir mit dem Karussell
   und drehen uns ganz schnell.   um die eigene Achse drehen

2. Die Berg- und Talbahn fährt bergauf,   das Kind unter den Achseln fassen und sich um die eigene
   bergab und wieder rauf.   Achse drehen, dabei das Kind auf und nieder bewegen
   Noch schöner als das Karussell
   fährt sie so richtig schnell.

3. Kommt, steigt mit in die Achterbahn,   das Kind nach oben in die Luft heben und schnell nach
   wir woll'n nach oben fahr'n.   unten sausen lassen
   Hinab geht es dann ganz geschwind,
   gefällt dir das, mein Kind?

4. Um dreihundertundsechzig Grad   das Kind langsam in einem Kreis heben und senken, kurz
   dreht sich das Riesenrad.   über dem Kopf verweilen
   Von oben ist die Welt ganz klein,
   wie ist die Aussicht fein.

5. Beim Autoskooter geb'n wir acht,   kreuz und quer durch den Raum sausen
   dass es dabei nicht kracht.
   Wir geben aber richtig Gas,
   das macht 'nen Riesenspaß.

6. Zum Dosenwerfen geh'n wir jetzt   das Kind in die Luft werfen und auffangen
   und werfen ganz schön fest.
   Da fallen alle Dosen um   gemeinsam umfallen
   und purzeln wild herum.

Vorwärts, rückwärts, Seite, steh'n

Musik: trad. aus Afrika
Text: Elke Gulden/Bettina Scheer

Kin - der, könnt ihr hier mich seh'n? Mei - ne Fü - ße

kön - nen geh'n. Vor - wärts, rück - wärts, Sei - te, steh'n,

und zum Schluss noch ein - mal dreh'n.

 Ausgangsposition: einzeln im Raum

Kinder, könnt ihr hier mich seh'n?   durch den Raum gehen, auf sich zeigen
Meine Füße können geh'n.   auf beide Füße zeigen
Vorwärts, rückwärts, Seite, steh'n,   mit einem Fuß in die genannte Richtung tippen
und zum Schluss noch einmal dreh'n.   um die eigene Achse drehen

Hinweis: Das Lied wird dreimal gesungen, damit die Kinder zu den ersten beiden Zeilen einmal vorwärts, einmal rückwärts und einmal seitwärts gehen können.

Bunte Tücher

Musik: trad.
Text: Elke Gulden/Bettina Scheer

Bun - te Tü - cher   flie - gen hier,   flie - gen hier,   flie - gen hier,

bun - te Tü - cher   flie - gen hier,   mal bei dir,   mal bei mir.

Material: 1 Tuch pro Kind und pro Erwachsener
Ausgangsposition: einzeln im Raum

1. Bunte Tücher fliegen hier, fliegen hier, fliegen hier, bunte Tücher fliegen hier, mal bei dir, mal bei mir.

   durch den Raum gehen, die Tücher fliegen lassen

2. Bunte Tücher winken hier, winken hier, winken hier, bunte Tücher winken hier, mal bei dir, mal bei mir.

   durch den Raum gehen, einander mit den Tüchern zuwinken

3. Bunte Tücher tauschen wir, tauschen wir, tauschen wir, bunte Tücher tauschen wir, tauschen wir, tauschen wir.

   durch den Raum gehen, mit einem beliebigen Partner die Tücher tauschen

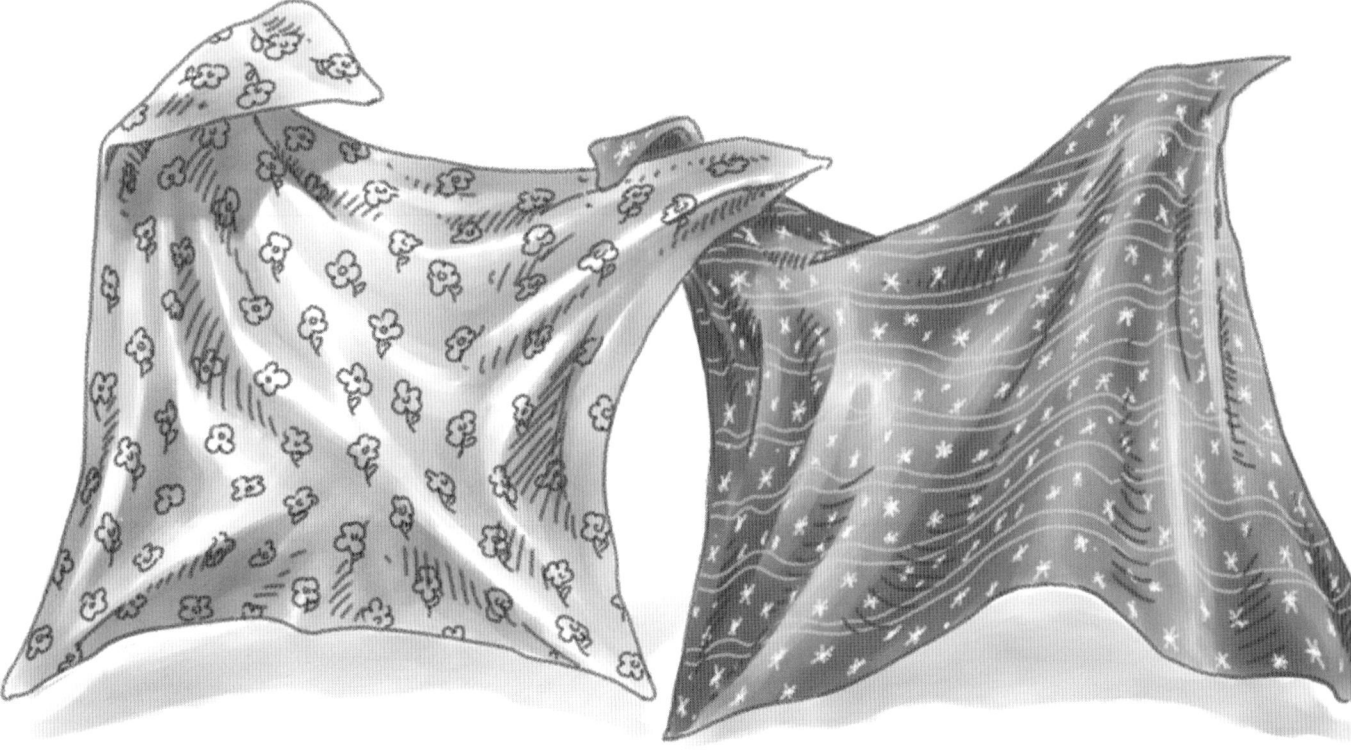

Bücken und Strecken

Musik u. Text: Elke Gulden/Bettina Scheer

Ein - mal stre - cken, ein - mal bü - cken und dann fest die

Hän - de drü - cken. Jetzt noch schnell im Rau - me flit - zen

und dann woll'n wir wie - der sit - zen.

 Ausgangsposition: einzeln im Raum

Einmal strecken, einmal bücken — im Zehenballenstand die Arme nach oben strecken, sich klein machen

und dann fest die Hände drücken. — Handflächen vor dem Körper fest aneinander drücken
Jetzt noch schnell im Raume flitzen — schnell durch den Raum laufen
und dann woll'n wir wieder sitzen. — sich hinsetzen

Variante: ein Kreisspiel

 Ausgangsposition: Kreis gefasst

Einmal strecken, einmal bücken — im Zehenballenstand die Arme nach oben nehmen, in die Hocke gehen

und dann fest die Hände drücken. — die gefassten Hände drücken
Jetzt noch schnell im Kreise flitzen — im Kreis laufen
und dann woll'n wir wieder sitzen. — sich hinsetzen

Oh weh

Musik u. Text: Elke Gulden/Bettina Scheer

Oh weh, oh weh, oh weh, was ist denn das? Es
reg - net schon die gan - ze Zeit und al - les ist so nass! Tropf,
tropf, tropf, tropf, tropf, tropf, tropf, tropf, tropf, tropf. Es
reg - net schon die gan - ze Zeit und al - les ist so nass!

 Ausgangsposition: einzeln im Raum

1. Oh weh, oh weh, oh weh, was ist denn das?   Hände in die Hüften stützen
   Es regnet schon die ganze Zeit und alles ist so nass!   Hände zappelnd von oben nach
                                                        unten bewegen
   Tropf, tropf, tropf, tropf,   mit beiden Beinen auf
   tropf, tropf, tropf , tropf , tropf, tropf.   und ab springen
   Es regnet schon die ganze Zeit und alles ist so nass!   Hände zappelnd von oben nach
                                                        unten bewegen

2. Oh weh, oh weh, oh weh, was ist denn das?   Hände in die Hüften stützen
   Ein weißer Hund, der tapst daher   auf allen Vieren laufen
   und ist pitsch patsche nass!
   Wau, wau, wau, wau, wau, wau, wau, wau, wau, wau.
   Ein weißer Hund, der tapst daher
   und ist pitsch patsche nass!

3. Oh weh, oh weh, oh weh, was ist denn das?
   Ein schwarzer Kater schleicht daher   durch den Raum schleichen
   und ist pitsch patsche nass!
   Miau, miau, miau, miau, miau.
   Ein schwarzer Kater schleicht daher
   und ist pitsch patsche nass!

4. Oh weh, oh weh, oh weh, was ist denn das?
Ein grüner Frosch, der hüpft daher   *wie ein Frosch hüpfen*
und ist pitsch patsche nass!
Quak, quak, quak, quak, quak, quak, quak, quak, quak, quak.
Ein grüner Frosch, der hüpft daher
und ist pitsch patsche nass!

5. Oh weh, oh weh, oh weh, was ist denn das?
Ein bunter Vogel fliegt daher   *mit flatternden Armen durch*
und ist pitsch patsche nass!   *den Raum „fliegen"*
Piep, piep, piep, piep, piep, piep, piep, piep, piep, piep,
Ein bunter Vogel fliegt daher
und ist pitsch patsche nass!

6. Oh weh, oh weh, oh weh, was ist denn das?
Ein brauner Bär, der stampft daher   *durch den Raum stampfen*
und ist pitsch patsche nass!
Brumm, brumm, brumm, brumm,
brumm, brumm, brumm, brumm, brumm, brumm.
Ein brauner Bär, der stampft daher
und ist pitsch patsche nass!

7. Oh weh, oh weh, oh weh, was ist denn das?
Ein rosa Schweinchen saust daher   *durch den Raum sausen*
und ist pitsch patsche nass!
Oing, oing, oing, oing,
oing, oing, oing, oing, oing, oing.
Ein rosa Schweinchen saust daher
und ist pitsch patsche nass!

➜ S. 121 „Brauner Bär"

Wenn ich müde bin

Musik u. Text: Elke Gulden/Bettina Scheer

Wenn ich mü - de bin, leg' ich mich ger - ne hin, ja, das kann

je - der doch ver - ste - hen.

 Ausgangsposition: einzeln im Raum

1. Wenn ich müde bin,
leg' ich mich gerne hin,   sich hinlegen
ja, das kann jeder doch verstehen.   mit dem Kopf nicken

2. Wenn ich einsam bin,
fehlt mir mein Teddy Tim,   das Kind fest in den Arm nehmen
ja, dass kann jeder doch verstehen. mit dem Kopf nicken

3. Wenn ich fröhlich bin,
steht mir nach Spaß der Sinn,   durch den Raum hüpfen
ja, dass kann jeder doch verstehen. mit dem Kopf nicken

4. Wenn ich traurig bin,
geh' ich zur „Mama" hin,   durch den Raum auf Mutter oder Vater zugehen
ja, dass kann jeder doch verstehen. mit dem Kopf nicken

5. Wenn ich wütend bin,
dann stampf' ich vor mich hin,   durch den Raum stampfen
ja, dass kann jeder doch verstehen. mit dem Kopf nicken

Wenn du mich einlädst

Musik: trad.
Text: Elke Gulden/Bettina Scheer

Wenn du mich ein-lädst, komm' ich heu-te zu Be-such. Wenn du mich

ein-lädst, komm' ich heu-te zu Be-such. Und dann

schenk' ich dir mein Tuch, und dann schenk' ich dir mein Tuch, na, wie

wä-re es mit ei-nem Tausch-ver-such?

 Material: 1 Chiffontuch pro Kind und pro Erwachsener
Ausgangsposition: einzeln im Raum

1. /:Wenn du mich einlädst,   im Raum umhergehen und mit dem Tuch winken
komm' ich heute zu Besuch.:/
/:Und dann schenk' ich dir mein Tuch,:/   die Erwachsenen bleiben vor einem Kind stehen
na, wie wäre es mit einem Tauschversuch? in jeder Strophe zum Schluss die Tücher tauschen

2. /:Wenn du mich einlädst,   mit dem Tuch über dem Kopf im Raum umhergehen
komm ich zu dir als Gespenst.:/
/:Bin umhüllt von meinem Tuch,:/
na, wie wäre es mit einem Tauschversuch?

3. /:Wenn du mich einlädst,   das Tuch als Kopftuch tragen, im Raum umhergehen
komm ich zu dir als Pirat.:/
/:Auf dem Kopf trag' ich mein Tuch.:/
Na, wie wäre es mit einem Tauschversuch?

4. /:Wenn du mich einlädst,   das Tuch als Lasso schwingend im Raum umhergehen
komm ich zu dir als Cowboy.:/
/:Und dann schwinge ich mein Tuch.:/
Na, wie wäre es mit einem Tauschversuch?

Hinweis: Es dauert meist eine Weile, bis die Kinder bereit sind, ihr Tuch abzugeben (s. S. 8 „Sozialverhalten Eltern – Kind"). Dieser wichtige Entwicklungsschritt vollzieht sich erfahrungsgemäß nach einigen Wiederholungen des Liedes von selbst.

Wir fliegen

Musik: Ralf Kiwit
Text: Elke Gulden/Bettina Scheer

 Ausgangsposition: einzeln im Raum

1. Kommt, wir fliegen, wir fliegen, kommt, wir fliegen um die Welt,
   und wir landen, und wir landen, grad' wo es uns gefällt.
   Dort unten in dem Spielzeugland, da gibt's so allerhand:

   Ein Riese stapft dort laut umher, denn er ist groß und schwer.
   Wir stapfen mit, wir stapfen mit, egal ob Groß, ob Klein,
   ann steigen wir, dann steigen wir wieder ins Flugzeug ein.

durch den Raum „fliegen"
in die Hocke gehen
Hand Ausschau haltend über die
Augen legen
durch den Raum stapfen

großen Ausfallschritt machen

2. Kommt, wir fliegen, wir fliegen, kommt, wir fliegen um die Welt,
und wir landen, und wir landen, grad' wo es uns gefällt.
Dort unten in dem Spielzeugland, da gibt's so allerhand:

Die Zwerge hüpfen mit viel Spaß auf saftig grünem Gras.
Wir hüpfen mit, wir hüpfen mit, egal ob Groß, ob Klein,
dann steigen wir, dann steigen wir wieder ins Flugzeug ein.

3. Kommt, wir fliegen, wir fliegen, kommt, wir fliegen um die Welt,
und wir landen, und wir landen, grad' wo es uns gefällt.
Dort unten in dem Spielzeugland, da gibt's so allerhand:

Ein Kreisel dreht sich wild herum und manchmal fällt er um.
Wir dreh'n uns mit, wir dreh'n uns mit, egal ob Groß, ob Klein,
dann steigen wir, dann steigen wir wieder ins Flugzeug ein.

4. Kommt, wir fliegen, wir fliegen, kommt, wir fliegen um die Welt,
und wir landen, und wir landen, grad' wo es uns gefällt.
Dort unten in dem Spielzeugland, da gibt's so allerhand:

Ein Schaukelpferd, das schaukelt stolz, es ist aus edlem Holz.
Wir schaukeln mit, wir schaukeln mit, egal ob Groß, ob Klein,

dann steigen wir, dann steigen wir wieder ins Flugzeug ein.

durch den Raum „fliegen"
in die Hocke gehen
Hand Ausschau haltend über die
Augen legen
durch den Raum hüpfen

großen Ausfallschritt machen

durch den Raum „fliegen"
in die Hocke gehen
Hand Ausschau haltend über die
Augen legen
Arme seitlich ausgestreckt um die
eigene Achse drehen
großen Ausfallschritt machen

durch den Raum „fliegen"
in die Hocke gehen
Hand Ausschau haltend über die
Augen legen
mit waagerecht ausgestreckten
Armen das Gewicht von einem Bein
auf das andere verlagern
großen Ausfallschritt machen

Jeder tanzt wie er will

Musik: Ralf Kiwit/Elke Gulden/Bettina Scheer
Text: Elke Gulden/Bettina Scheer

Je - der tanzt wie er will, je - der tanzt wie er will. Ganz e -

gal ob hin, ob her, je - der kann's, das ist nicht schwer. Je - der

tanzt wie er will, je - der tanzt wie er will. Ganz e -

gal ob hin, ob her, je - der kann's, das ist nicht schwer. La,

la, la, la, la, la, la, la, la, la, la, la, la, la,

la, la, la, la, la, la, la, la, la, la, la, la.

 **Ausgangsposition:** einzeln im Raum

1. Jeder tanzt wie er will,
   jeder tanzt wie er will.
   Ganz egal ob hin, ob her,
   jeder kann's, das ist nicht schwer.

   durch den Raum tanzen

2. Jeder springt wie er will,
   jeder springt wie er will.
   Ganz egal ob hin, ob her,
   jeder kann's, das ist nicht schwer.

   durch den Raum springen

3. Jeder steht ganz, ganz still,
jeder steht ganz, ganz still.
Ganz egal ob hier, ob dort,
jeder steht an seinem Ort.

still im Raum stehen bleiben und möglichst nicht bewegen

4. Jeder flitzt wie er will,
jeder flitzt wie er will.
Ganz egal ob hin, ob her,
jeder kann's, das ist nicht schwer.

durch den Raum laufen

Der Schmetterling

Musik: trad. aus Holland
Text: Elke Gulden/Bettina Scheer

Der Schmet-ter-ling, der Schmet-ter-ling flat-tert hin und her. Der

Schmet-ter-ling, der Schmet-ter-ling flat-tert hin und her. Dann

ruht der Schmet-ter - ling sich aus, die Blu-men sind ja sein Zu-haus'.

La, la, la, la, la, la, la, la, la, la,

la, la, la, la, la, la, la, la, la, la, la.

 **Ausgangsposition:** einzeln im Raum

1. /:Der Schmetterling, der Schmetterling
   flattert hin und her.:/   wie ein Schmetterling durch den Raum „flattern"

   Dann ruht der Schmetterling sich aus,   Arme gekreuzt vor den Brustkorb legen, in die Hocke gehen
   die Blumen sind ja sein Zuhaus'.

   La, la, la, la, la, la, la...   durch den Raum „flattern"

2. /:Der Pinguin, der Pinguin
   watschelt hin und her.:/   alle Bewegungen wie im Text

   Dann ruht der Pinguin sich aus,
   der Eisfels ist ja sein Zuhaus'.

   La, la, la, la, la, la, la...

76

3. /:Der grüne Frosch, der grüne Frosch
   hüpft schnell hin und her.:/
   Dann ruht der grüne Frosch sich aus,
   die Seerosen sind sein Zuhaus'.
   La, la, la, la, la, la, la...

4. /:Der braune Bär, der braune Bär
   stapft mal hin, mal her.:/
   Dann ruht der braune Bär sich aus,
   die Höhlen sind ja sein Zuhaus'.
   La, la, la, la, la, la, la...

5. /:Der Regenwurm, der Regenwurm
   schlängelt sich durchs Land.:/
   Dann ruht der Regenwurm sich aus,
   die Erde ist ja sein Zuhaus'.
   La, la, la, la, la, la, la...

6. /:Der kleine Fisch, der kleine Fisch
   schwimmt schnell hin und her.:/
   Dann ruht der kleine Fisch sich aus,
   das weite Meer ist sein Zuhaus'.
   La, la, la, la, la, la, la...

7. /:Im Ritterschloss, im Ritterschloss
   schwebt ein Gespenst herum.:/
   Den ganzen Tag ruht es sich aus,
   um Mitternacht kommt es dann raus.
   La, la, la, la, la, la, la...

8. /:Der Gartenzwerg, der Gartenzwerg
   ruft ganz laut: Hurra!.:/
   Dann ruht der Gartenzwerg sich aus,
   die Vorgärten sind sein Zuhaus'.
   La, la, la, la, la, la, la...

➜ S. 121 „Brauner Bär"

Frühlingsanfang

 **Ausgangsposition:** einzeln im Raum liegend

Im Winter schlafen Blumen und Bäume, sie haben wunderschöne Träume.	auf dem Boden liegen
Doch wenn im März der Frühling beginnt, erwachen sie langsam – ganz bestimmt.	sich langsam bewegen
Die Bäume recken und strecken die Äste, bereiten sich vor zum Frühlingsfeste.	Arme und Beine recken und strecken
Die Blumen schauen aus dem Boden und wachsen langsam ganz nach oben.	sich langsam hinsetzen und schließlich aufstehen
Die Blüten strecken sich zur Sonne empor, die Bienen kommen aus dem Stock hervor.	Hände nach oben strecken, im Zehenballenstand gehen
Sie summen fröhlich, sie fliegen umher und freu'n sich am bunten Blumenmeer.	durch den Raum „fliegen"

➜ S. 122 „Tulpen"

Auf Mückenjagd

Horcht, könnt ihr das hören?	eine Hand ans Ohr legen
Da will uns eine Mücke stören!	
Kommt, die müssen wir jetzt kriegen,	
seht ihr sie im Raume fliegen?	Hand ausschauhaltend über die Augen legen
Da! Auf dem Boden seh' ich sie hocken,	mit einem Finger auf den Boden zeigen
kommt, wir machen uns auf die Socken.	
Wir schleichen uns erst leise an	in der Hocke gehen
und kommen so ganz dicht heran.	
Dann patschen wir mit beiden Händen	mit den Händen auf den Boden patschen
um das Summen zu beenden.	
Doch die Mücke fliegt schnell weg –	Arme anwinkeln, Handinnenflächen zeigen nach oben
seht ihr vielleicht ihr neues Versteck?	Hand Ausschau haltend über die Augen legen
Da! An der Decke seh' ich sie hocken,	mit einem Finger an die Decke zeigen
kommt, wir machen uns auf die Socken.	
Wir schleichen uns erst leise an	im Storchengang auf den Zehenballen gehen und Arme
und kommen so ganz dicht heran.	nach oben strecken
Dann klatschen wir mit beiden Händen	mit erhobenen Armen in die Hände klatschen
um das Summen zu beenden.	
Doch die Mücke fliegt schnell weg –	Arme anwinkeln, Handinnenflächen zeigen nach oben
seht ihr vielleicht ihr neues Versteck?	Hand Ausschau haltend über die Augen legen
Da! Unter dem Bett seh' ich sie hocken,	mit einem Finger in eine Ecke zeigen
kommt, wir machen uns auf die Socken.	
Wir schleichen uns erst leise an	über den Boden kriechen
und kommen so ganz dicht heran.	
Dann patschen wir mit beiden Händen	mit den Händen auf den Boden patschen
um das Summen zu beenden.	
Doch die Mücke fliegt schnell weg –	Arme anwinkeln, Handinnenflächen zeigen nach oben
seht ihr vielleicht ihr neues Versteck?	Hand Ausschau haltend über die Augen legen
Da! Am Fensterbrett seh' ich sie hocken,	mit dem Finger auf ein Fenster zeigen
kommt, wir machen uns auf die Socken.	
Wir schleichen uns erst leise an	durch den Raum schleichen
und kommen so ganz dicht heran.	
Wir öffnen das Fenster mit beiden Händen	Bewegung mit den Armen nachahmen
um das Summen zu beenden.	
Die Mücke fliegt sogleich hinaus,	
wir freu'n uns übers leise Haus!	durch den Raum hüpfen

Kreis- und Tanzspiellieder

Kreis- und Tanzspiellieder fördern insbesondere das Zusammenspiel von Motorik, Rhythmus und Sprache. Grobmotorische Bewegungsabläufe werden sprachlich artikuliert. Im Gegensatz zu den Bewegungsliedern steht hier nicht die Bewegungsart im Vordergrund, sondern die Bewegungsrichtung oder die Bewegungsform. Die Bewegungen können z.B. nach vorne, hinten oder zur Seite ausgerichtet sein, dabei variiert die Ausgangsposition zwischen Reihe und Kreis.

Kreis- und Tanzspiele sind ein wichtiger Erfahrungsschatz für Kinder, denn der Kreis nimmt eine besondere Stellung ein: Durch den Kreis erfahren sich die Kinder als Teil eines Ganzen. Sie erleben, wie aus vielen einzelnen „Ichs" ein „Wir" entsteht. Außerdem vermittelt der Kreis durch seine Geschlossenheit ein Gefühl von Sicherheit und Geborgenheit.

Durch die geschlossene Kreisform stellen Kreisspiele eine besondere Herausforderung für Kleinkinder dar. Nicht alle Kinder geben gerne ihrem Nachbarn die Hand, und sie haben vor allem besondere Vorlieben, wem sie ihre Hand reichen wollen. Gehen wir kurz auf ihre Wünsche ein, lässt sich manches Problem schnell lösen ohne dass die Geschlossenheit des Kreises erzwungen wird (will Lisa nicht Mama X die Hand geben, klappt es vielleicht mit Papa Y oder Oma Z).

Gerade am Anfang gelingt es nicht immer, alle Kinder in den Kreis zu bekommen. Hat sich aber bereits ein kleiner Kreis mit 3 Kindern gebildet, sollte einfach mit dem Kreisspiel begonnen werden. Auf Grund der Kürze der Lieder können sich die anderen Kinder schnell in den Kreis integrieren, da ohnehin alle Lieder mehrfach hintereinander gesungen werden.

Ziehharmonika

Musik u. Text: trad.

Wir ha - ben ei - ne Zieh - har - mo - ni - ka, die macht:

tschin - de - ras - sa, tschin - de - ras - sa, bum, bum, bum! Sie

spielt uns im - mer wie - der die al - ler - schöns - ten Lie - der.

 Ausgangsposition: Kreisaufstellung einzeln, Kinder auf dem Arm, Blickrichtung zur Kreismitte

Wir haben eine Ziehharmonika,
die macht: tschinderassa, tschinderassa, bum, bum, bum!
Sie spielt uns immer wieder
die allerschönsten Lieder.
Wir haben eine Ziehharmonika,
die macht: tschinderassa, tschinderassa,
bum, bum, bum!

aufeinander zu gehen
wieder auseinander gehen
die Kinder auf dem Arm wiegen, dabei im
Uhrzeigersinn im Kreis gehen
aufeinander zu gehen
wieder auseinander gehen
mit den Füßen stampfen

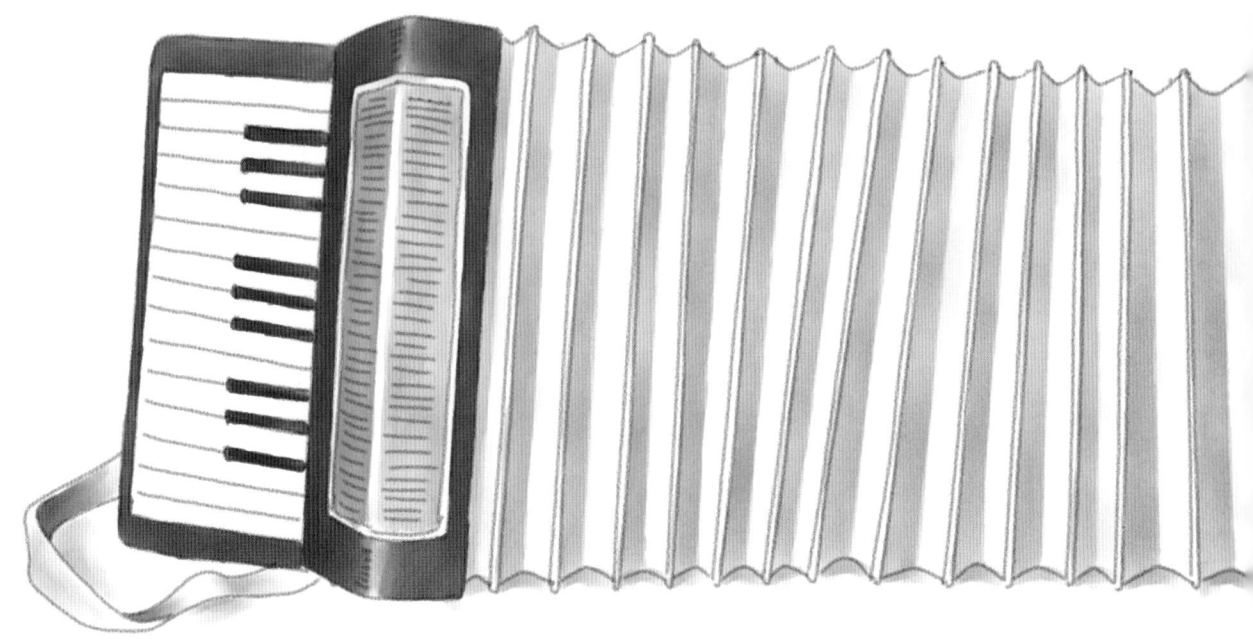

Einmal drehen

Musik u. Text: Elke Gulden/Bettina Scheer

Ein - mal dre - hen, drei - mal stam - pfen und acht

Schrit - te in die Mit - te. Ein - mal dre - hen, drei - mal

stam - pfen und ein Stück wie - der zu - rück.

 Ausgangsposition: Kreisaufstellung einzeln, Kinder auf dem Arm, Blickrichtung zur Kreismitte

Einmal drehen,	sich einmal um die eigene Achse drehen
dreimal stampfen	dreimal fest aufstampfen
und acht Schritte in die Mitte.	acht Schritte in die Kreismitte gehen
Einmal drehen,	sich einmal um die eigene Achse drehen
dreimal stampfen	dreimal fest aufstampfen
und ein Stück wieder zurück.	vier Schritte zurückgehen

Hinweis: Das Lied wird mehrmals hintereinander gesungen und dabei das Tempo gesteigert. Der Kreis zieht sich dadurch immer enger zusammen.

Schwaps, der Goldfisch

Musik: Ralf Kiwit
Text: Elke Gulden/Bettina Scheer

Schwaps, der Gold-fisch schwimmt ganz leis', rund - he-rum in
ei - nem Kreis. Mun - ter dreht er sei - ne Run - den,
will den gan - zen Teich er - kun - den.

 Ausgangsposition: Kreisaufstellung einzeln, Kinder auf dem Arm, Blickrichtung zur Kreismitte

1. Schwaps, der Goldfisch schwimmt ganz leis',   im Kreis gehen
   rundherum in einem Kreis.
   Munter dreht er seine Runden,
   will den ganzen Teich erkunden.

2. Schwaps schwimmt auf und wieder ab,   die Kinder hoch heben und wieder nach unten
   schnappt nach Luft, taucht dann herab.   sinken lassen
   Er lässt sich mit Futter locken,
   hungrig sucht er dann die Flocken.

3. In die Mitte schwimmt er dann,   aufeinander zugehen
   an ein Blatt lehnt er sich an.   Kinder fest an sich drücken
   Schlummert ein und sinkt hernieder,   in die Hocke gehen
   ausgeruht schwimmt er dann wieder.   aufrichten und auseinander gehen

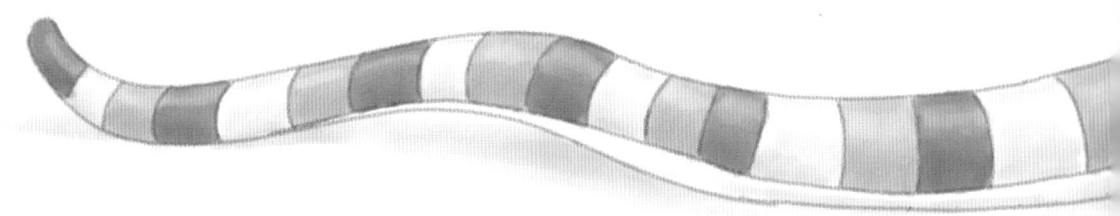

Eine Schlange

 Nr. 17

Musik: Ralf Kiwit

Text: Elke Gulden/Bettina Scheer

Em
Ei - ne Schlan - ge geht auf Rei-sen, schlän-gelt sich so ü-bers Land.

Am **E Am E**
Da - bei ist sie ganz, ganz lei - se und sie sieht so al - ler - hand.

Em
Ei - ne Schlan - ge geht auf Rei-sen, schlän-gelt sich so ü-bers Land.

Am **E** **Dm E**
Da bei ist sie ganz, ganz lei - se und sie sieht so al - ler - hand.

Ausgangsposition: Schlange (in einer Reihe nebeneinander, an den Händen gefasst)

1. Eine Schlange geht auf Reisen,
   schlängelt sich so übers Land.
   Dabei ist sie ganz, ganz leise
   und sie sieht so allerhand.

   als Schlange durch den Raum laufen

2. Abends hat sie viel gesehen,
   ringelt sich ganz wohlig ein.
   Denkt an alles, was geschehen,
   schläft mit schönen Träumen ein.

   sich langsam eindrehen

3. Doch ganz früh am nächsten Morgen
   hört sie einen lauten Krach!
   Ringelt sich schnell auseinander
   und schon ist sie wieder wach.

   schnell mit den Füßen stampfen
   sich schnell ausdrehen

Tanz mit mir

 Nr. 11

Musik: trad./Ralf Kiwit

Text: trad./Elke Gulden/Bettina Scheer

Tanz mit mir, tanz mit mir, rechts he-rum, so tan-zen wir.

Schritt für Schritt, Schritt für Schritt, ge-hen al-le Kin-der mit.

La, la, la, la, la, la, la, la, la, la, la, la, la, la,

la, la, la, la, la, la, la, la, la, la, la, la, la, la.

 Ausgangsposition: im Kreis, an den Händen gefasst

1. Tanz mit mir, tanz mit mir,   im Kreis rechts herum gehen
   rechts herum, so tanzen wir.
   Schritt für Schritt, Schritt für Schritt,
   gehen alle Kinder mit.
   La, la, la, la, la, la, la...

2. Tanz mit mir, tanz mit mir,   im Kreis links herum gehen
   links herum, so tanzen wir.
   Schritt für Schritt, Schritt für Schritt,
   gehen alle Kinder mit.
   La, la, la, la, la, la, la...

3. Tanz mit mir, tanz mit mir,   aufeinander zugehen
   in die Mitte tanzen wir.
   Schritt für Schritt, Schritt für Schritt,
   gehen alle Kinder mit.
   La, la, la, la, la, la, la...

4. Tanz mit mir, tanz mit mir,   auseinander gehen
   aus der Mitte tanzen wir.
   Schritt für Schritt, Schritt für Schritt,
   gehen alle Kinder mit.
   La, la, la, la, la, la, la...

5. Tanz mit mir, tanz mit mir,   in der Hocke rechts im Kreis herum gehen
   in der Hocke tanzen wir.
   Schritt für Schritt, Schritt für Schritt,
   gehen alle Kinder mit.
   La, la, la, la, la, la, la...

6. Tanz mit mir, tanz mit mir,   auf den Fußballen links im Kreis herum gehen
   auf den Zehen tanzen wir.
   Schritt für Schritt, Schritt für Schritt,
   gehen alle Kinder mit.
   La, la, la, la, la, la, la...

Das kleine Rad

Musik: trad. aus Schweden
Text: Elke Gulden/Bettina Scheer

Ein klei - nes Rad, das läuft so vor sich hin, es
läuft und läuft und läuft ganz schnell, bis es ein - fach nicht mehr will.

 Ausgangsposition: im Kreis, an den Händen gefasst

Ein kleines Rad, das läuft so vor sich hin,   im Kreis gehen
es läuft und läuft und läuft ganz schnell,   im Kreis laufen
bis es einfach nicht mehr will.

Hinweis: Das Lied wird mehrfach hintereinander gesungen. Nach jeder Strophe fragen die Kinder:
„Will unser Rad noch laufen?"

Tanzlied zu Weihnachten

Musik: amerikanisches Volkslied
Text: Elke Gulden/Bettina Scheer

G

Tanz mit mir, tanz mit mir, tanz mit um den Baum. Der

C G 1. A D

Baum ist wun-der - schön ge-schmückt und herr-lich an-zu - schau'n, hei!

2. D G G

herr - lich an - zu - schau'n. Wir freu'n uns schon heut',

G C

klein' und gro - ße Leut', denn bald kommt die

D G

Heil' - ge Nacht und das Chris - tus - kind er - wacht.

 Ausgangsposition: im Kreis, an den Händen gefasst

Tanz mit mir, tanz mit mir,   im Kreis rechts herumgehen
tanz mit um den Baum.
Der Baum ist wunderschön geschmückt
und herrlich anzuschau'n – hei!

Tanz mit mir, tanz mit mir,   im Kreis links herumgehen
tanz mit um den Baum.
Der Baum ist wunderschön geschmückt
und herrlich anzuschau'n.

Wir freu'n uns schon heut',   Wiegebewegung, dabei das Gewicht von einem Bein
klein' und große Leut',   auf das andere verlagern
denn bald kommt die Heil'ge Nacht
und das Christuskind erwacht.

➜ S. 122 „Weihnachtsbaum"

Kommt her, kommt her

Musik: trad.
Text: Elke Gulden/Bettina Scheer

Kommt her, kommt her, wir tan-zen jetzt im Kreis. Kommt

her, kommt her, wir tan-zen jetzt im Kreis. Wir

dre-hen im-mer links he-rum, so schnell wir kön-nen links he-rum. Kommt

her, kommt her, das ist doch gar nicht schwer.

 **Ausgangsposition:** im Kreis, an den Händen gefasst

1. /:Kommt her, kommt her, wir tanzen jetzt im Kreis.:/   links herum im Kreis gehen,
    Wir drehen immer links herum, so schnell wir können links herum.   dabei schneller werden
    Kommt her, kommt her, das ist doch gar nicht schwer.

2. /:Kommt her, kommt her, wir tanzen jetzt im Kreis.:/   rechts herum im Kreis gehen,
    Wir drehen immer rechts herum, so schnell wir können rechts herum.   dabei schneller werden
    Kommt her, kommt her, das ist doch gar nicht schwer.

Tripp, trapp

Musik u. Text: trad.

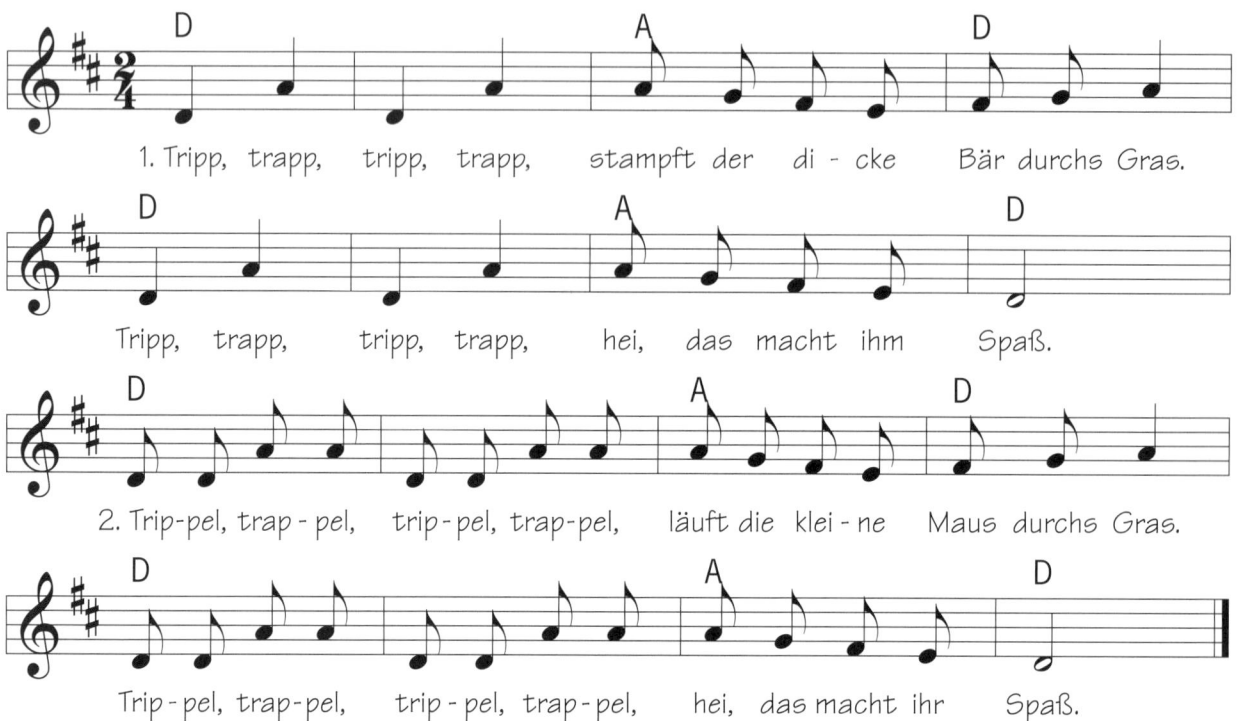

1. Tripp, trapp, tripp, trapp, stampft der di - cke Bär durchs Gras.

Tripp, trapp, tripp, trapp, hei, das macht ihm Spaß.

2. Trip-pel, trap - pel, trip-pel, trap-pel, läuft die klei - ne Maus durchs Gras.

Trip - pel, trap - pel, trip - pel, trap - pel, hei, das macht ihr Spaß.

 **Ausgangsposition:** im Kreis, an den Händen gefasst

1. Tripp, trapp, tripp, trapp,
   stampft der dicke Bär durchs Gras.   im Kreis stampfen
   Tripp, trapp, tripp, trapp,
   hei, das macht ihm Spaß.

2. Trippel, trappel, trippel, trappel,
   läuft die kleine Maus durchs Gras.   im Kreis tippeln
   Trippel, trappel, trippel, trappel,
   hei, das macht ihr Spaß.

Varianten

- Für einen **Kniereiter** werden die Kinder im Grundschlag mit den Beinen auf und ab bewegt. Dabei wird die Strophe mit dem Bären entsprechend langsam und die Strophe mit der Maus entsprechend schnell gesprochen.
- Wird der Liedtext als **Klanggeschichte** vorgetragen, stellt eine Handtrommel den Bären dar und ein Glöckchen die Maus.

Ich hab' 'nen Ball

Musik u. Text: Elke Gulden/Bettina Scheer

Ich   hab' 'nen   Ball,   ei - nen   kun - ter - bun - ten   Ball.

Hal - lo,   „Li - sa",   ich   roll'   ihn   zu   dir.

Material: 1 bunter Ball
Ausgangsposition: einzeln im Kreis

Ich hab' 'nen Ball, einen kunterbunten Ball. Ball am Platz mit einer Hand rollen
Hallo, „Lisa", ich roll' ihn zu dir.   Ball in die Richtung des genannten Kindes rollen

Ziehet durch...

Musik u. Text: trad.

Zie - het durch, zie - het durch, durch die gold' - ne Brü - cke. Sie

ist ent - zwei, sie ist ent - zwei, wir woll'n sie wie - der fli - cken. Der

Ers - te kommt, der Zwei - te kommt. Der Drit - te wird ge - fan - gen sein.

 Ausgangsposition: Erwachsener und Kind stehen einander gegenüber, fassen sich an den Händen und bilden mit ihren Armen ein Tor. Alle Eltern-Kind-Paare stehen hintereinander in einer Reihe.

Ziehet durch, ziehet durch,
durch die gold'ne Brücke.
Sie ist entzwei, sie ist entzwei,
wir woll'n sie wieder flicken.
Der Erste kommt, der Zweite kommt,
der Dritte wird gefangen sein.

das jeweils erste Paar der Reihe geht durch die Torreihe und stellt sich hinten wieder an

das Paar, das gerade durch die Tore läuft, wird durch die Arme des Eltern-Kind-Paares gefangen, durch das es gerade hindurch läuft

Zugfahrt nach Trier

 Nr. 19

Musik: dt. Volkslied
Text: Elke Gulden/Bettina Scheer

Wir wol - len jetzt zum Bahn - hof geh'n, wo vie - le gro - ße

Zü - ge steh'n. So fah - ren wir, so fah - ren wir, so

fahr'n wir al - le jetzt nach Trier.

 Ausgangsposition: in einer Reihe hintereinander an Schultern, Hüfte oder Pullover gefasst

1. Wir wollen jetzt zum Bahnhof geh'n,   in Schlangenlinien durch den Raum gehen
   wo viele große Züge steh'n.
   So fahren wir, so fahren wir,
   so fahr'n wir alle jetzt nach Trier.

2. Zuerst rollen wir durch ein Tal,   in die Hocke gehen
   das sehen wir zum ersten Mal.
   So fahren wir, so fahren wir,
   so fahr'n wir alle jetzt nach Trier.

3. Wir müssen einen Berg hinauf,   im Zehenballenstand laufen, dabei schnaufen
   da macht der Zug ganz viel Geschnauf'.
   So fahren wir, so fahren wir,
   so fahr'n wir alle jetzt nach Trier.

4. Oben am Berg, da bleib'n wir steh'n,   kurz stehen bleiben
   bevor wir ganz schnell weitergeh'n.   schnell weitergehen
   So fahren wir, so fahren wir,
   so fahr'n wir alle jetzt nach Trier.

5. Jetzt wird die Strecke kurvenreich,   enge Kurven laufen
   vorbei an Berg, Baum, Haus und Teich.
   So fahren wir, so fahren wir,
   so fahr'n wir alle jetzt nach Trier.

6. Um noch 'ne Kurve müssen wir,
   dann halten wir sogleich in Trier.
   Dann halten wir, dann halten wir,
   dann halten wir sogleich in Trier.   stehen bleiben

Spiellieder mit Instrumenten

In diesem Kapitel sind Lieder zusammengefasst, die sich besonders gut zur Instrumentenbegleitung eignen, sowie Klanggeschichten für ein oder mehrere Instrumente. Hier werden Kinder spielerisch an Musikinstrumente herangeführt. Ziel ist es in erster Linie, die Freude am gemeinsamen Musizieren zu entdecken.

Das Spielen von Instrumenten zur Liedbegleitung fördert neben der Feinmotorik und der Koordination auch das Gefühl für den Grundschlag, der jedem Musikstück zu Grunde liegt (s. S. 11 „Musikalität"). Kinder und Eltern halten dabei jeweils das gleiche Instrument in den Händen und begleiten damit ihren Gesang.

Ziel ist es, die Kinder so früh wie möglich an das erste Musizieren heranzuführen und ihre Spielfreude zu fördern, indem sie die Instrumente in Ruhe erkunden und viele Spielvariationen selbst ausprobieren können. Dabei werden die Kleinkinder nicht über die korrekte Haltung der Instrumente belehrt. Hilfreich ist bei allen Instrumenten (mit Ausnahme der Klanghölzer) das Modell der Spielleitung. Werden gute Instrumente eingesetzt s. S. 12), wird die Spielleitung mit der korrekten Handhaltung alle anderen übertönen, sodass dieser Klang von den Kindern wahrgenommen und ihr auditiver Sinn entsprechend geschult werden kann. Die dabei deutlich zu hörenden Klangunterschiede werden von den Kindern schnell entdeckt, und sie werden von selbst versuchen, die klangvolleren Töne, die bei der korrekten Handhaltung erklingen, nachzuahmen.

Die folgenden Tipps zur korrekten Handhabung der Instrumente sind also primär für die Spielleitung gedacht, während die Kinder ohne korrigierende Eingriffe ihre Spielvarianten selbst entwickeln. Ihre Variationen sollten bei der Wiederholung der Lieder aufgegriffen werden. Grundsätzlich sind dabei alle Instrumentenspieltechniken erlaubt.
Damit **Schlaginstrumente (Handtrommel, Glockenspiel und Triangel)** einen Klang erzeugen, müssen sie mit einem lockeren Handgelenk der Schlaghand gespielt werden. Zum korrekten Spielen der **Klanghölzer** muss eine Hand einen Resonanzkörper bilden. Dies geschieht, indem eine leicht geöffnete Faust gebildet wird, auf deren Finger ein Klangholz gelegt wird. Das andere Klangholz schlägt dieses nun in der Mitte an.
Es ist leicht vorstellbar, dass die Kleinen noch nicht in der Lage sind, diese korrekte Handhaltung umzusetzen. Für sie ist es am einfachsten, die Klanghölzer an ihren Enden festzuhalten. Über das Schlagen der Klanghölzer hinaus bieten sich verschiedene Spielvarianten an, von denen die Kinder sicher noch einige mehr beim Ausprobieren entdecken werden.

Für **Glöckchen** und **Rasseln** gibt es mehrere Spielmöglichkeiten. So können sie z.B. in die Luft oder in eine Handinnenfläche geschlagen, auf den Boden getippt oder auf die Oberschenkel gepatscht werden.

Das selbstständige Spielen von Instrumenten fördert ebenfalls das Selbstbewusstsein der Kinder. Dafür werden anfangs nur Instrumente gewählt, die alle GruppenteilnehmerInnen gleichzeitig spielen. In einem zweiten Schritt wird ein Instrument eingeführt, das jeweils nur von einem Kind gespielt wird, z.B. die Handtrommel. Für den Solisten ist es eine Herausforderung, wenn alle im Kreis auf ihn hören und sich mit ihrem Gesangstempo an seinem Spiel orientieren. Dabei spielen einige Kinder das Instrument langsam, andere schnell. Immer aber gibt der Solist den Grundschlag an und die ganze Gruppe singt entsprechend seinem Spieltempo.

Hier ist auch das Sozialverhalten der Kinder gefordert (s. S. 9): Während ein Kind im Mittelpunkt steht, warten die anderen, bis sie selbst an der Reihe sind. Ähnliche Situationen können sich auch aus Kostengründen ergeben, denn nicht immer werden für alle Kinder genügend Instrumente zur Verfügung stehen (s.u.). Dies sollte nicht als Mangel an Materialausstattung aufgefasst werden, sondern als Chance, die soziale Kompetenz der Kinder zu stärken.

Neben der Liedbegleitung können Instrumente auch zur Begleitung von Geschichten eingesetzt werden. Klanggeschichten haben ihren Schwerpunkt in der Förderung des sozialen und emotionalen Bereiches, der Vermittlung erster musikalischer Grundkenntnisse sowie in der Schulung des auditiven Sinnes. Hier kann sich das Ohr losgelöst von einer Melodie allein auf den Klang der Instrumente konzentrieren. Geschichten wie z.B. „Der Specht" (s. S. 104) haben die Vermittlung musikalischer Parameter als Ziel, in diesem Fall das Umsetzen von lautem und leisem Spiel.

Die emotionale Ebene vermittelt den Kindern die Zuordnung von Attributen an die einzelnen Instrumente, z.B. bei der Geschichte „Das Picknick" (s. S. 107): Das kleine und leichte Tier wird mit einem hohen Klang besetzt, der große, schwere Elefant wird dagegen durch die Handtrommel symbolisiert. Beim Umsetzen der Geschichten sollte darauf geachtet werden, dass gleiche Tiere oder Symbole auch immer gleich instrumentiert werden. Dabei ist die hier angegebene Instrumentierung als Vorschlag zu verstehen. Steht ein Instrument nicht zur Verfügung, wird es einfach durch ein vorhandenes ersetzt – wichtig ist nur, dass der Klang der Aussage entspricht.

Die längeren Klanggeschichten stellen eine besondere Herausforderung an die soziale Kompetenz dar, da sie mit mehreren Instrumenten besetzt werden. Im Gegensatz zur Liedbegleitung mit einem Solisten müssen die Kinder hier nicht nur Anfang und Ende des eigenen Einsatzes erkennen, sondern auch in den Pausen das eigene Instrument still halten können.

Die Klanggeschichten in diesem Buch sind bewusst kurz gehalten und in Reimform gesetzt, da somit auch der Sprachrhythmus gefördert wird. Darüber hinaus finden Kinder diese Erzählform besonders anziehend, sodass ihre Aufmerksamkeit durch die Erzähltechnik und durch das Instrumentenspiel auf zweifache Weise erhalten bleibt.

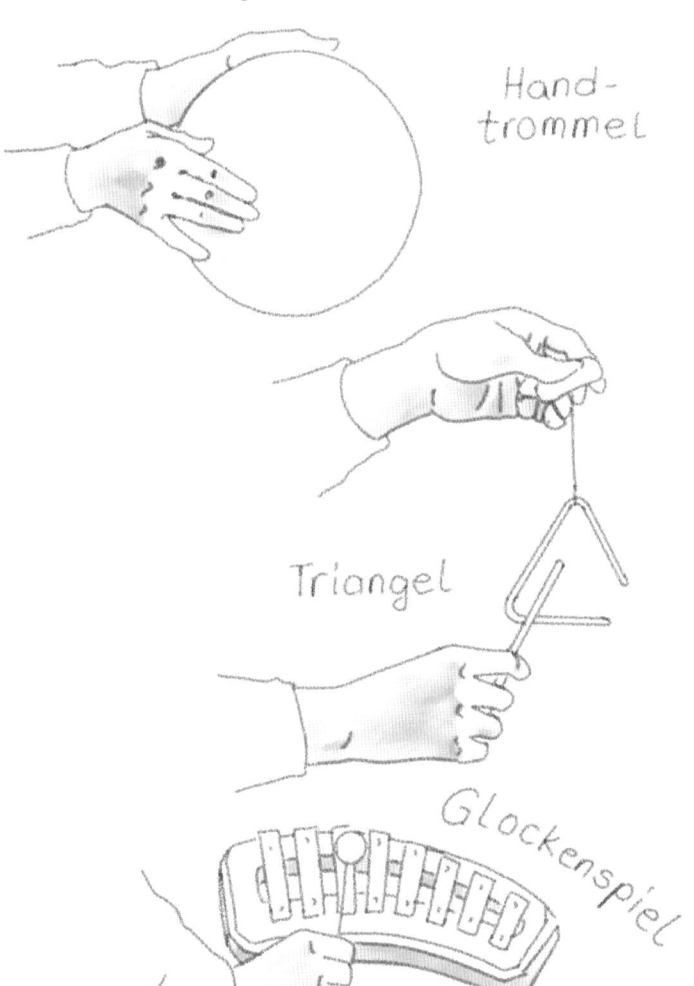

Die Klanggeschichten sind nach verschiedenen Schwierigkeitsgraden sortiert. Zu Beginn stehen in diesem Kapitel kurze Klanggeschichten mit einem Instrument. Darauf folgen Geschichten, die von zwei Instrumenten begleitet werden. Diese sind ebenfalls recht kurz gehalten, sodass jedes Kind mit seinem Instrument ohne lange Wartezeiten spielen kann (z.B. S. 106 „Kawumm!"). Im Anschluss daran folgen einige längere Geschichten, die mit mehreren Instrumenten umgesetzt werden. Bei der Einführung dieser Klanggeschichten ist es sinnvoll, dass die Spielleitung die Geschichte erst einmal allein vorträgt, d.h. sie erzählt und spielt gleichzeitig auf den Instrumenten. So nehmen die Kinder die Geschichte einmal im Ganzen korrekt wahr. Erst danach werden die Instrumente an die Kinder verteilt.

Wie zu Beginn des Buches bereits erwähnt raten wir dazu, Instrumente nur im Fachhandel zu erwerben. Hier steht eine fachkundige Beratung zur Verfügung und die Instrumente können ausprobiert und ihr Klang verglichen werden. Im direkten Vergleich fallen Klangunterschiede sofort auf und machen Preisdifferenzen verständlich. Da die auditive Wahrnehmung der Kinder noch in der Entwicklung ist, sollte ihr Gehör die Gelegenheit haben, gute Klänge zu hören – Triangel ist nicht gleich Triangel und Handtrommel nicht gleich Handtrommel.

Die kleineren Instrumente wie Klanghölzer, Rasseln und Glöckchen sind preislich durchaus erschwinglich, Glockenspiele oder Handtrommeln dagegen etwas teurer. Stellt der Träger einer Gruppe kein Budget zum Instrumentenkauf zur Verfügung oder ist die Gruppe privat organisiert, gibt es die Möglichkeit, dass je eines der etwas teureren Instrumente gemeinsam von der Gruppe angeschafft wird und zusätzlich alle Eltern ein eigenes Grundset an kleineren Instrumenten kaufen. Dies hat zudem den Vorteil, dass die Kinder die kleineren Instrumente auch zu Hause nutzen können. Grundsätzlich gilt aber: Statt möglichst viele verschiedene Instrumente in großen Stückzahlen anzuschaffen und dafür beim Klang Kompromisse zu machen, ist es ratsam, mehr in die Klangqualität zu investieren und dafür weniger Instrumente zu kaufen.

Hört ihr die Trommel?

Musik: trad.
Text: Elke Gulden/Bettina Scheer

Alter: ab 15 Monaten
Instrument: Handtrommel

Hört ihr die Trommel?   die Handtrommel im Grundschlag schlagen
Sie gibt uns den Takt:
bom, bom, bom, bom, bom, bom,
bom, bom, bom, bom.

Eine Trommel will was sagen

Musik: trad.
Text: Elke Gulden/Bettina Scheer

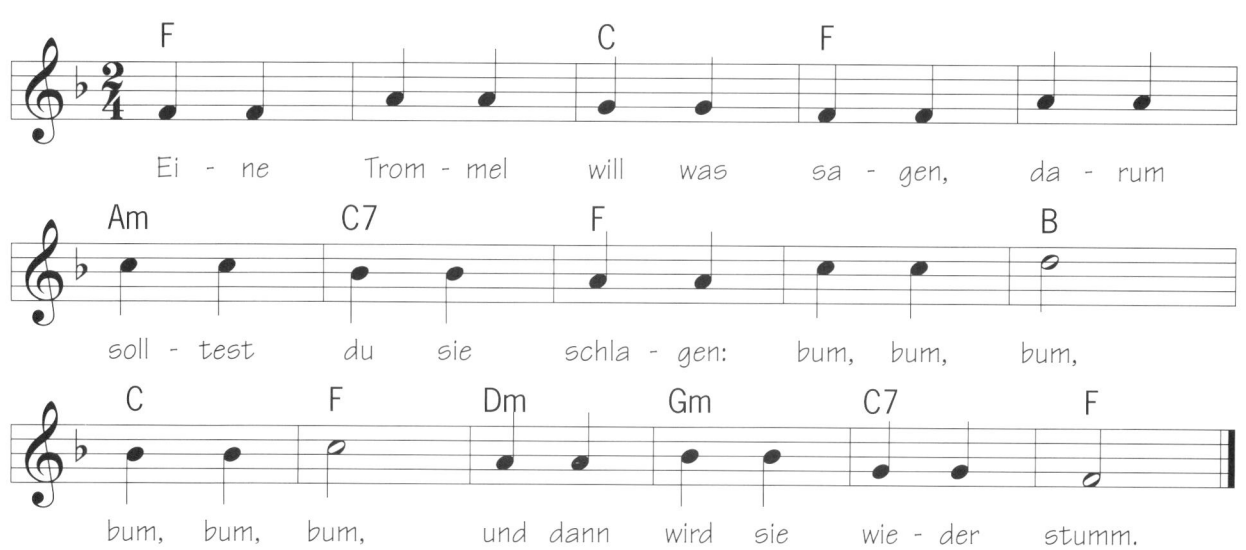

Ei - ne Trom - mel will was sa - gen, da - rum

soll - test du sie schla - gen: bum, bum, bum,

bum, bum, bum, und dann wird sie wie - der stumm.

Alter: ab 18 Monaten
Instrument: Handtrommel

Eine Trommel will was sagen,
darum solltest du sie schlagen:
bum, bum, bum, bum, bum, bum,
und dann wird sie wieder stumm.

die Handtrommel im Grundschlag schlagen, am Ende verstummen lassen

Mit flacher Hand

Musik: trad.
Text: Elke Gulden/Bettina Scheer

Mit fla - cher Hand, mit fla - cher Hand, so hö - ren wir den

Bär. Mit fla - cher Hand, mit fla - cher Hand, so hö - ren wir den

Bär. Stapf, stapf, stapf, stapf, stapf, stapf.

Alter: ab 18 Monaten
Instrument: Handtrommel

1. /:Mit flacher Hand, mit flacher Hand,
   so hören wir den Bär.:/
   Stapf, stapf, stapf, stapf, stapf, stapf.

2. /:Mit Fingerchen, mit Fingerchen,
   so hören wir die Maus.:/
   Tipp, tipp, tipp, tipp, tipp, tipp.

3. /:Mit Fingerknöcheln hören wir
   dem Specht beim Klopfen zu.:/
   Poch, poch, poch, poch, poch, poch.

4. /:Mit uns'rer Faust, mit uns'rer Faust
   hör'n wir den Elefant.:/
   Stampf, stampf, stampf, stampf, stampf, stampf.

5. /:Mit Ellenbogen, Ellenbogen
   hören wir das Pferd.:/
   Trab, trab, trab, trab, trab, trab.

die Handtrommel wie im Text beschrieben im Grundschlag
zum Klingen bringen

Hinweis: Bei der letzten Strophe muss die Trommel mit den
Ellenbogen besonders vorsichtig gespielt werden, um das
Trommelfell nicht zu beschädigen.

Indianer machen heut' Musik

Musik: trad.
Text: Elke Gulden/Bettina Scheer

In - dia - ner ma - chen heut' Mu - sik, sie fei - ern ih - ren gro - ßen Sieg.

Hört al - le her, sie ras - seln laut, ach, kommt doch mal und schaut.

Alter: ab 18 Monaten
Instrument: Rassel

1. Indianer machen heut' Musik,
   sie feiern ihren großen Sieg.
   Hört alle her, sie rasseln laut,
   ach, kommt doch mal und schaut.

   Rasseln im Grundschlag spielen

   die Melodie summen und die Rasseln laut dazu spielen

2. Indianer machen heut' Musik,
   sie feiern ihren großen Sieg.
   Hört alle her, sie rasseln leis',
   und tanzen auch im Kreis.

   Rasseln im Grundschlag spielen

   die Melodie summen und die Rasseln leise dazu spielen

3. Indianer machen heut' Musik,
   sie feiern ihren großen Sieg.
   Hört alle her, sie klopfen jetzt
   auf ihrem tollen Fest.

   Rasseln im Grundschlag spielen

   die Melodie summen und die Rasseln dazu klopfen

Variante

Noch mehr Spaß macht es den Kindern, wenn jedes eine **Indianerkrone** auf dem Kopf trägt:
Wellpappe in ca. 35 cm lange und 5 cm breite Streifen schneiden, zu einem Kreis formen und
die Enden fest tackern. Ebenso bunte
Kunstfedern an der Krone befestigen,
wobei die geschlossenen Seiten der
Heftklammern nach innen zeigen
müssen.

Kleines Glöckchen

Musik: dt. Volkslied
Text: Elke Gulden/Bettina Scheer

Klei - nes Glöck-chen, schüt-tel dich, spiel da - bei für dich und mich. Hell und rein, so klingt dein Ton, ja, das wis - sen al - le schon. Klei - nes Glöck-chen, schüt - tel dich, spiel' da - bei für dich und mich.

Alter: ab 15 Monaten
Instrument: Glöckchen

1. Kleines Glöckchen, schüttel dich,   Glöckchen im Grundschlag schütteln
   spiel dabei für dich und mich.
   Hell und rein, so klingt dein Ton,
   ja, das wissen alle schon.
   Kleines Glöckchen, schüttel dich,
   spiel dabei für dich und mich.

2. Kleines Glöckchen, ich klopf dich,   Glöckchen im Grundschlag klopfen
   spiel dabei für dich und mich.
   Hell und rein so klingt dein Ton,
   ja, das wissen alle schon.
   Kleines Glöckchen, ich klopf dich,
   spiel dabei für dich und mich.

3. Kleines Glöckchen, sei mal still,   Glöckchen still halten, freie Hand über das Metall legen,
   weil ich dich nicht hören will.   leise singen
   Du bist jetzt mit Zuhör'n dran,
   weil auch ich schön klingen kann.
   Kleines Glöckchen, sei mal still,
   weil ich dich nicht hören will.

4. Kleines Glöckchen, spiel mit mir,
viel mehr Spaß macht es mit dir.
Hell und rein, so klingt dein Ton,
ja, das wissen alle schon.
Kleines Glöckchen, schüttel dich,
spiel dabei für dich und mich.

Glöckchen im Grundschlag schütteln

Mit meinem kleinen Glöckchen

Musik: trad.
Text: Elke Gulden/Bettina Scheer

D   Em   A   D

Mit   mei-nem klei-nen Glöck-chen weck' ich al-le Schlä-fer auf.   Kommt

D   G   Hm Em   D   A   D

al-le aus den Bet - ten, der   Tag nimmt sei-nen Lauf.

Alter: ab 18 Monaten
Instrument: Glöckchen

1. Mit meinem kleinen Glöckchen
   weck' ich alle Schläfer auf.
   Kommt alle aus den Betten,
   der Tag nimmt seinen Lauf.

Glöckchen im Grundschlag schütteln

2. Wir singen mit dem Glöckchen
   eine schöne Melodie:
   La, la, la, la, la, la, la, la, la,
   la, la, la, la, la, la.

3. Am Abend sagen wir uns:
   Es war mal wieder nett!
   Mein Glöckchen spielt ganz leise
   und geht mit mir zu Bett.

Glöckchen leise im Grundschlag schütteln, am Ende verstummen
lassen

Klanghölzer klopft

Musik: trad.
Text: Elke Gulden/Bettina Scheer

Klang - höl - zer, klopft,   Klang - höl - zer, klopft!

Klopft den Takt zu uns' - rem Lied,   klopft, klopft, klopft!

Alter: ab 15 Monaten
Instrument: Klanghölzer

Klanghölzer, klopft,   mit den Hölzern im Grundschlag klopfen
Klanghölzer, klopft!
Klopft den Takt zu uns'rem Lied,
klopft, klopft, klopft!

Hinweis: In den folgenden Strophen wird die Spielweise variiert: Die Klanghölzer können tippen, reiben, sägen...

Klang-Klang-Klanghölzer

Musik: trad.
Text: Elke Gulden/Bettina Scheer

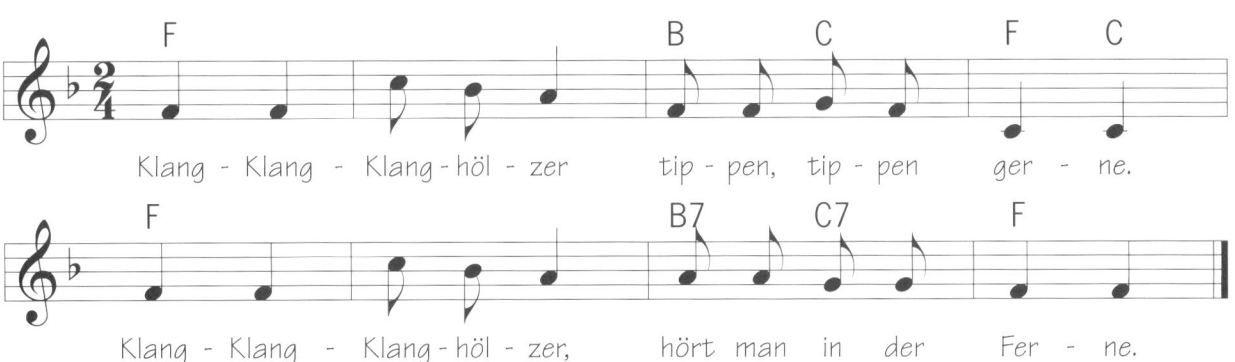

Klang - Klang - Klang-höl - zer tip - pen, tip - pen ger - ne.

Klang - Klang - Klang-höl - zer, hört man in der Fer - ne.

Alter: ab 18 Monaten
Instrument: Klanghölzer

1. Klang-Klang-Klanghölzer
   tippen, tippen gerne.
   Klang-Klang-Klanghölzer
   hört man in der Ferne.

   Klanghölzer waagerecht halten und die Enden aneinander tippen

2. Klang-Klang-Klanghölzer
   klopfen wir gemeinsam.
   Klang-Klang-Klanghölzer,
   werdet nur nicht langsam.

   ein Klangholz waagerecht in einer Hand halten, mit dem anderen darauf klopfen

3. Klang-Klang-Klanghölzer
   hämmern immer wieder.
   Klang-Klang-Klanghölzer
   springen auf und nieder.

   ein Klangholz senkrecht halten, das andere waagerecht darauf hämmern

4. Klang-Klang-Klanghölzer
   reiben wir zusammen.
   Klang-Klang-Klanghölzer,
   macht nur keine Schrammen.

   Klanghölzer senkrecht halten und gegengleich aneinander reiben

5. Klang-Klang-Klanghölzer
   sägen wir entzwei.
   Klang-Klang-Klanghölzer,
   alles ist vorbei.

   ein Klangholz waagerecht in einer Hand halten, das andere darüber „sägen"

   Stille

Konzertprobe

Musik: Ralf Kiwit
Text: Elke Gulden/Bettina Scheer

In - stru-men-te, seid be-reit, jetzt be-ginnt die Pro-ben-zeit.

Spielt zu die-ser Me-lo-die uns'-re Kin-der-sin-fo-nie.

Kommt jetzt al-le zu mir her, es ist gar nicht schwer.

Alter: ab 30 Monaten
Instrumente: Glöckchen, Rasseln, Handtrommel, Klanghölzer

1. Instrumente, seid bereit,
   jetzt beginnt die Probenzeit.
   Spielt zu dieser Melodie
   uns're Kindersinfonie.
   Kommt jetzt alle zu mir her,
   es ist gar nicht schwer.

2. Kleine Glöckchen, es ist Zeit,
   ihr seid dran, es ist soweit.
   Spielt zu dieser Melodie
   uns're Kindersinfonie.
   Hört nur her, wie schön es klingt,
   wenn der Rhythmus stimmt.

3. Kleine Rasseln, es ist Zeit,
   ihr seid dran, es ist soweit.
   Spielt zu dieser Melodie
   uns're Kindersinfonie.
   Hört nur her, wie schön es klingt,
   wenn der Rhythmus stimmt.

4. Kleine Trommeln, es ist Zeit,
   ihr seid dran, es ist soweit.
   Spielt zu dieser Melodie
   uns're Kindersinfonie.
   Hört nur her, wie schön es klingt,
   wenn der Rhythmus stimmt.

5. Klanghölzer, nun ist es Zeit,
   ihr seid dran, es ist soweit.
   Spielt zu dieser Melodie
   uns're Kindersinfonie.
   Hört nur her, wie schön es klingt,
   wenn der Rhythmus stimmt.

6. Instrumente, ihr seid toll,
   ihr spielt alle wundervoll.
   Schön klingt jetzt die Melodie
   unsrer Kindersinfonie.
   Spielt noch mal, ich hör's so gern,
   schön klingt's von nah und fern.

Klanggeschichten mit einem Instrument

Sternenhimmel

Alter: ab 18 Monaten
Instrument: Glöckchen

Was seh' ich denn oben am Himmel?
Da ist ja ein Sternengewimmel!

Glöckchen laut erklingen lassen

Sie leuchten hier, sie leuchten dort –
am Morgen sind sie wieder fort.

Glöckchen verstecken und verstummen lassen

→ S. 119 „Sterne"

Froschsprache

Alter: ab 18 Monaten
Instrument: Klangfrosch

Ein Froschkonzert gibt's heut am Teich,
so eilt herbei – es startet gleich.
Sie singen jetzt zuerst im Chor,
klingt es nicht schön für euer Ohr?

alle Klangfrösche erklingen lassen

Jetzt kommt das Solo von „Lisa" dran,
hört mal wie „sie" singen kann!

reihum lässt jedes genannte Kind einzeln seinen Klangfrosch erklingen

Jetzt kommt das Solo von „Eric" dran,
hört mal wie „er" singen kann...

Der Chor darf nun noch einmal singen:
Toll, wie uns're Frösche klingen!

alle Klangfrösche erklingen lassen

Klangfrosch

Es war einmal ein Bienenschwarm

Alter: ab 18 Monaten
Instrument: Rassel

Es war einmal ein Bienenschwarm,   laut rasseln
der Biene Sumsum war's zu warm.
Drum flog sie ganz allein nach Haus   leise rasseln
und ruht sich dort erst einmal aus.   Stille

→ S. 123 „Bienen"

Der Elefant

Alter: ab 24 Monaten
Instrument: Handtrommel

Der Elefant ist dick und schwer,   langsam und laut trommeln
laut stampft er in dem Wald umher.

Auch rennen kann der Elefant –   schnell und laut trommeln
wenn auch nicht sehr elegant.

Ein kleiner Flegel

Alter: ab 24 Monaten
Instrument: Glockenspiel

Ich bin ein kleiner Schlegel   auf den Schlegel zeigen
und manchmal auch ein Flegel.
Hinauf geht es dann: tripp, tripp, trapp,   Tonleiter nach oben, Töne einzeln anschlagen
und – schwups – rutsch' ich den Berg hinab!   über die Klangstäbe nach unten gleiten (Glissando)

Der Specht

Alter: ab 24 Monaten
Instrument: Klanghölzer

Der Specht klopft an den Baum,   leise klopfen
tock-tock, man hört es kaum.

Doch baut er sich ein Nest,   laut klopfen
tock-tock, klopft er ganz fest.

Erst wenn der Specht mal schlafen will,
wird es im Walde wieder still.   Stille

Klanggeschichten mit mehreren Instrumenten

Tanz um Mitternacht

Alter: ab 24 Monaten
Instrumente: Handtrommel, Triangel

Es ist zwölf Uhr in der Nacht,	
der Teddybär ruft: Aufgewacht!	Handtrommel 1x schlagen
Püppchen schlägt die Augen auf:	Triangel
Hurra, hurra, komm, steh'n wir auf!	

Der Teddy reicht ihr seine Hand,   Handtrommel und Triangel
sie tanzen fröhlich umeinand'.
Links herum und rechts herum,
sie drehen sich im Kreis herum.

Um ein Uhr geht's zurück ins Bett,   Handtrommel, leise
Teddy fragt: War das nicht nett?

Friedhelm ist ein großer Bär

Alter: ab 30 Monaten
Instrumente: Handtrommel, Rassel, Guiro, Glöckchen

Friedhelm ist ein großer Bär,   Handtrommel
tapst seit Stunden schon umher.

Seine Freunde besuchen ihn bald
in seiner Höhle im tiefen Wald.

Die Bienen fliegen ein zu dritt   Rassel
und bringen frischen Honig mit.

Es raschelt und knistert und jedem ist klar,   Guiro
das ist der Igel mit seiner Schar.

Die Mäuschen tippeln in das Haus,   Glöckchen
beginnen kann der große Schmaus.

So lachen und tanzen auf diesem Feste   alle Instrumente
Friedhelm und all' seine lieben Gäste.

Im Schloss

Alter: ab 24 Monaten
Instrumente: Handtrommel, Glockenrad

Huih und Buuh, zwei kleine Gespenster,
schau'n hier und da mal aus dem Fenster.
Sie schweben manchmal auch durchs Schloss
und treffen dabei Ritter Ross.

auf der Handtrommel streichen

Ross hat eine Rüstung an,
die man nicht nur sehen kann.
Von weitem hört man ihn: Tripp, trapp,
denn die Rüstung macht: Klipp-klapp.

Glockenrad

Durch die Gänge toben sie
mit ihrer eig'nen Melodie:
huih-buuh, klipp-klapp, klipp-klapp
tönt's die Gänge auf und ab.

Glockenrad und Handtrommel

Glockenrad

Kawumm!

Alter: ab 24 Monaten
Instrumente: Handtrommel, Rassel

Leise fallen Regentropfen,
hörst du sie ans Fenster klopfen?

Rassel

Gewitter naht mit leichtem Groll,
ein lauter Schlag, dann regnet's doll.

Handtrommel mit flacher Hand gespielt

Es prasselt laut, es macht: kawumm!
Plötzlich ist das Gewitter 'rum.

Rassel und Handtrommel
plötzliche Stille

Der Herbstwind

Alter: ab 24 Monaten
Instrumente: Handtrommel (mit dem Besen gespielt), Rassel

Wir haben Herbst und raues Wetter
und der Wind weht durch die Blätter.

Handtrommel und Besen, leise

Es freut uns diese Tanzerei,
doch leider ist sie schnell vorbei.

Rassel, leise

Ein Sturm zieht auf, löst ab den Wind
und weht das Laub hinab geschwind.

Trommel und Besen, laut, Rassel laut – Stille

➜ S. 118 „Herbstbaum"

Das Picknick

Alter: ab 30 Monaten
Instrumente: Handtrommel, Glöckchen

Ein großer, schwerer Elefant
stampft langsam durch das weite Land.
Er hört etwas und schaut umher,
da fragt er laut: Ist da noch wer?

Handtrommel

Ich bin's, antwortet eine Maus,
nicht weit von hier bin ich zu Haus.
Hast du nicht Lust mich zu besuchen?
Wir trinken Milch und essen Kuchen.

Glöckchen

Der Elefant schaut sie traurig an
und meint: Ich weiß nicht, ob ich kann.
Liebend gern käm' ich zu dir,
doch passe ich nicht durch die Tür.

Handtrommel

Da sagt die Maus zu ihm geschwind:
Du bist zu groß, oh ja, das stimmt!
Den Kuchen bring' ich gerne raus –
wir essen einfach vor dem Haus!

Glöckchen

So sitzen sie auf einer Decke
im Wald bei einer Himbeerhecke.
Sie essen und trinken feine Sachen,
freuen sich und haben viel zu lachen.

Handtrommel und Glöckchen

Gewitter

Alter: ab 24 Monaten
Instrumente: Handtrommel, Triangel, Rassel

Egal zu welcher Jahreszeit,
wenn's donnert, ist der Sturm nicht weit.

Handtrommel

Hell zischt der Blitz am Horizont:
Wer fürchtet diese Wetterfront?

Triangel

Schon prasseln Tropfen auf den Wegen,
die Welt wird nass bei diesem Regen.

Rassel

Tief unten im Meer

Alter: ab 30 Monaten
Instrumente: Handtrommel, Klanghölzer, Glockenspiel, Glöckchen, Triangel, Rassel

Tief unten im Meer, man glaubt es kaum,
da leben viele Tiere, es ist wie im Traum.

Ein großer Wal taucht tief hinab,   Handtrommel gerieben
verdrängt das Wasser: schwappdiwapp.

Zwei Krebse klappern mit den Zangen,   Klanghölzer
sie wollen was zum Fressen fangen.

Die Krake mit ihren acht Beinen   Glockenspiel
sucht ein Versteck zwischen den Steinen.

Kleine Fische schwimmen im Schwarm,   Glöckchen
sie suchen die Sonne, denn da ist es warm.

Da kommt ein Hai aus tiefem Blau,   Triangel
er jagt 'nen Fisch, doch der ist schlau.

Er gräbt sich flink in den Boden hinein –   Rassel
das kann doch nur ein Plattfisch sein!

Eine kalte Winternacht

Alter: ab 30 Monaten
Instrumente: Handtrommel, Handtrommel mit Besen, Holzblocktrommel

Ein Bär stapft durch den Winterwald,   Handtrommel
ich glaub', ihn friert's – ihm ist ganz kalt.

Ein kleiner Hase hoppelt umher,   Holzblocktrommel
ein warmes Zuhause vermisst er sehr.

Der Fuchs schleicht um den Baumstamm 'rum,   Handtrommel mit Besen
ohne Bau zu sein, erscheint ihm dumm.

Zufällig treffen sich alle drei.   alle drei Instrumente gleichzeitig spielen
Sie sagen: Mit der Kälte ist's bald vorbei.
Wenn wir nur nah zusammen rücken,
kriegen wir alle einen warmen Rücken.

Sie wärmen sich ihr Fell dabei
und schlafen friedlich ein – juchhei!   Stille

➜ S. 124 „Bild einer kalten Winternacht"

Holzblocktrommel

Ruhelieder

Ruhelieder finden ihren Einsatz zuhause nach einem aufregenden Spiel, am Ende einer Spielgruppenstunde oder einer Bewegungseinheit in Krippen. Ruhelieder dienen als Entspannungs- und Ruhephase, während der die Kinder zuvor neu gewonnene Eindrücke verarbeiten können. Geist und Körper des Kindes brauchen dazu Zeit, und Ruhelieder schaffen die notwendigen äußeren Bedingungen. Die Kinder fühlen sich auf dem elterlichen Schoß oder auch in der Kuschelecke sicher, wohl und geborgen. Sie werden ruhiger und ihr Herzschlag verlangsamt sich.

Die Ruhephase wird entweder aktiv gestaltet, indem Lieder mit ruhigen Melodien selbst gesungen oder gesummt werden, oder eher passiv, indem bewusst ein Instrumentalstück gehört wird. Die Länge des Stückes sollte je nach Alter der Kinder zwischen 1 und 2,5 Minuten liegen. Geeignete Instrumentalstücke sind z.B.:

- J. S. Bach, Orchestersuite 3, Air
- R. Schumann, Kinderszenen, Träumerei
- A. Vivaldi, Die vier Jahreszeiten, Winter, Largo
- J. v. Haydn, Sinfonie 101, Die Uhr, 2. Satz.

Bei allen Ruheliedern sollte die Gelegenheit genutzt werden, das bewusste Hören zu schulen. Sind die Kinder nicht durch andere Aktivitäten von der Musik abgelenkt, können sie sich ganz auf die Klänge konzentrieren. Am Ende eines Liedes sowie in kurzen Pausen innerhalb der Stücke (s. S. 115 „Wir hören in die Stille") sollten die Kinder bewusst in die Stille hinein horchen dürfen. Dabei wird gezielt das Innenohr geschult, in dem es die Gelegenheit erhält, die langsam ausklingenden Schwingungen im Ohr wahrzunehmen.

Erfahrungsgemäß fällt Kindern das bewusste Zuhören leichter, wenn sie selbst etwas in den Händen halten. Dazu empfiehlt sich ein Korb mit weichen, bunten Teddybären, aus dem jedes Kind seinen „Schatz" für die Ruhephase auswählt.

Die Kinder suchen sich eine Position bei ihren Eltern aus, in der sie sich wohl fühlen. Entweder sitzen sie dort auf dem Schoß oder sie liegen mit ihnen auf dem Boden.

Ruhephasen bieten auch Raum für Fantasie und Kreativität. Eindrücke von Klängen oder Instrumentalstücken lassen sich verstärken, indem beispielsweise eine Duftkerze außerhalb der Reichweite der Kinder aufgestellt wird oder Materialien wie Seifenblasen und Requisiten Verwendung finden, mit denen die Kinder gestreichelt werden wie z.B. Federn, Watte oder Chiffontücher.

Kuschellied

 Nr. 20

Musik: Ralf Kiwit
Text: Elke Gulden/Bettina Scheer

Wir ku-scheln uns an-ein-an-der, hal-ten uns fest, sind
ja so gern bei-ein-an-der, bau'n uns ein Nest.
So schau-keln wir mit-ein-an-der sanft hin und her,
oh, du mein sü-ßer Schatz, ich mag dich so sehr.

Alter: ab 6 Monaten

1. Wir kuscheln uns aneinander, halten uns fest,
   sind ja so gern beieinander, bau'n uns ein Nest.
   So schaukeln wir miteinander sanft hin und her,
   oh, du mein süßer Schatz, ich mag dich so sehr.

2. Wir kuscheln uns aneinander, ich streichel dich,
   sind ja so gern beieinander, bist alles für mich.
   So schaukeln wir miteinander sanft hin und her,
   oh, du mein süßer Schatz, ich mag dich so sehr.

3. Wir kuscheln uns aneinander, kraul' durch dein Haar,
   sind ja so gern beieinander, 's ist wirklich wahr.
   So schaukeln wir miteinander sanft hin und her,
   oh, du mein süßer Schatz, ich mag dich so sehr.

4. Wir kuscheln uns aneinander, ich küss dich zart,
   sind ja so gern beieinander, mag deine Art.
   So schaukeln wir miteinander sanft hin und her,
   oh, du mein süßer Schatz, ich mag dich so sehr.

Bewegungen wie im Liedtext

Der Ball

Musik u. Text: Elke Gulden/Bettina Scheer

Der Ball rollt vor, der Ball rollt rück, im-mer-zu ein klei-nes Stück. Auch zur Sei-te hin und her, das ge-fällt den Kin-dern sehr.

Alter: ab 6 Monaten

Material: 1 großer Pezzi-Ball pro Kind

Ausgangsposition: Jedes Kind liegt auf einem großen Pezzi-Ball, der von den Eltern entsprechend dem Liedtext langsam hin und her gerollt wird.

Der Ball rollt vor, der Ball rollt rück,
immerzu ein kleines Stück.
Auch zur Seite hin und her,
das gefällt den Kindern sehr.

Hinweise:

- Für das Spiel können alternativ Soft- oder Wasserbälle mittlerer Größe verwendet werden.
- Persönlicher ist es, wenn in der letzten Zeile „den Kindern" durch die Namen der einzelnen Kinder ersetzt wird.

Streichellied

Musik: trad.
Text: Elke Gulden/Bettina Scheer

Ich strei - chle sanft ü - ber dei - ne Haut, wir bei - de sind uns ja

so ver - traut. Ich find' es schön, dass du bei mir bist,

ich hät - te dich ziem - lich doll ver - misst.

Alter: ab 6 Monaten
Material: evtl. weiche Materialien wie Federn, Wattebäusche, Tücher etc.

Ich streichle sanft über deine Haut,   das Kind streicheln
wir beide sind uns ja so vertraut.
Ich find' es schön, dass du bei mir bist,
ich hätte dich ziemlich doll vermisst.

Variante

Die Kinder werden nicht nur mit den Händen gestreichelt,
sondern mit weichen Materialien wie z.B.
Kuscheltüchern.

Schaukellied

Musik u. Text: Elke Gulden/Bettina Scheer

C   Am   Dm   G   C

Schau - kel hin und schau - kel her, wie der

Am   Dm   G   F   C

klei - ne Ku - schel - bär. Ku - schel dich in mei - nen

Am   G   G7   C

Arm, denn da ist es so mol - lig warm.

Alter: ab 6 Monaten

Schaukel hin und schaukel her,
wie der kleine Kuschelbär.
Kuschel dich in meinen Arm,
denn da ist es so mollig warm.

Bewegungen wie im Text

113

Seifenblasen

Nr. 18
Musik: trad. aus Holland
Text: Elke Gulden/Bettina Scheer

Seht mal, die Sei-fen-bla-sen sind ku-gel-rund.

Schwe-ben um-her, sind gar nicht schwer, sind kun-ter-bunt.

Schwe-ben um-her, sind gar nicht schwer, sind kun-ter-bunt.

Alter: ab 12 Monaten
Material: Seifenblasenmischung

1. Seht mal, die Seifenblasen sind kugelrund.
   Schweben umher, sind gar nicht schwer, sind kunterbunt.
   Schweben umher, sind gar nicht schwer, sind kunterbunt.

2. Seht mal, die Seifenblasen sind kugelrund.
   Schillern im Licht, du fängst sie doch nicht, sind kunterbunt.
   Schillern im Licht, du fängst sie doch nicht, sind kunterbunt.

3. Seht mal, die Seifenblasen sind kugelrund.
   Fasst du sie an, platzen sie dann, sind kunterbunt.
   Fasst du sie an, platzen sie dann, sind kunterbunt.

Hinweis:

Den Kindern wird mit ruhiger, geheimnisvoller Stimme erklärt, dass die Seifenblasen nur zum Anschau-en und Beobachten sind. Die Spielleitung geht während des Liedes herum und pustet für jedes Kind Seifenblasen.

Wir hören in die Stille

Musik u. Text: Elke Gulden/Bettina Scheer

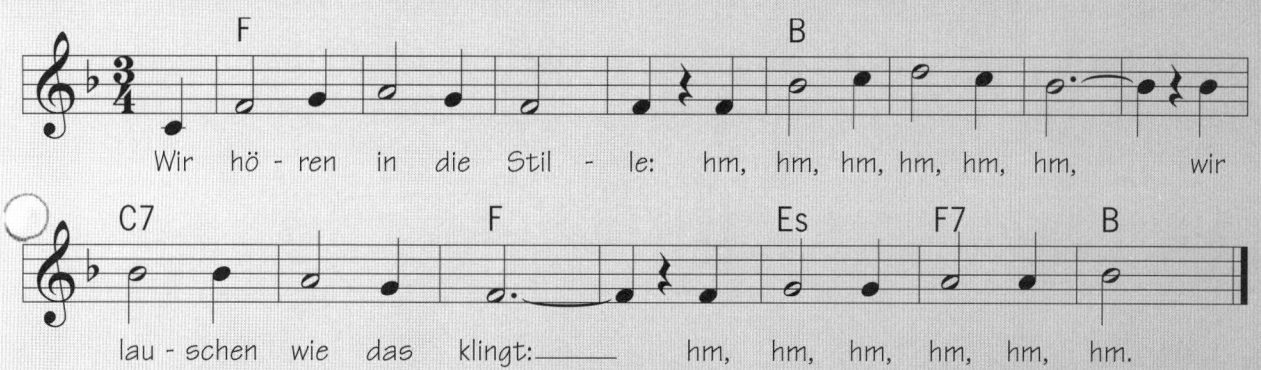

Wir hö-ren in die Stil-le: hm, hm, hm, hm, hm, hm, wir

lau-schen wie das klingt:——— hm, hm, hm, hm, hm, hm.

Alter: ab 12 Monaten

Wir hören in die Stille:
hm, hm, hm, hm, hm, hm,
wir lauschen wie das klingt:
hm, hm, hm, hm, hm, hm.

jede Zeile leise singen, eine lange Pause machen und dazu eine Hand ans Ohr legen

Lied der Fische

Musik u. Text: Elke Gulden/Bettina Scheer

Ein Fisch, der schwimmt im wei - ten Meer und macht ganz lei - se:

Blubb. Ein zwei - ter Fisch schwimmt auch um - her und

macht ganz lei - se: Blubb. Stell dir ein - mal vor, die

Fi - sche sän - gen im Chor, dann klän - gen al - le

Blubb - blubb - blubbs noch schö - ner als zu - vor. vor.

Alter: ab 18 Monaten

Ein Fisch, der schwimmt im weiten Meer
und macht ganz leise: Blubb.
Ein zweiter Fisch schwimmt auch umher
und macht ganz leise: Blubb.

/:Stell dir einmal vor,
die Fische sängen im Chor,
dann klängen alle Blubb-blubb-blubbs
noch schöner als zuvor.:/

eine Hand aufstellen und langsam schlängeln
bei jedem „Blubb" das Kind küssen
zweite Hand aufstellen und langsam schlängeln

die Hände langsam weiter schlängeln lassen

➜ S. 124 „Bunte Fische"

Hinweis: An den selbst gebastelten Fischen kann ein Gummi befestigt werden, sodass der Fisch für das Lied über die Hand gezogen werden kann.

Bastelideen

Beim Basteln mit Kindern werden gezielt die Feinmotorik (Arbeiten mit der Schere, mit dem Pinsel usw.) und der Tastsinn (Arbeiten mit Fingerfarben, Kleister, mit Materialien wie Federn, Blättern usw.) angesprochen. Darüber hinaus wird die kreative Erziehung gefördert, indem den Kindern Zeit gegeben wird, die Materialien in Ruhe zu erforschen und sie Anregungen zur Verarbeitung erhalten.

Mit Bastelarbeiten wird auch das Selbstbewusstsein der Kinder gefördert: Idealerweise findet das Endprodukt einen Ausstellungsplatz zu Hause oder im Gruppenraum, wo es für alle gut sichtbar ist und die kindliche Leistung durch Lob entsprechend honoriert wird.

Mit Kleinkindern zu basteln ist meist eine Gradwanderung zwischen dem ästhetischen Anspruch der Eltern an das Endprodukt und den motorischen Fertigkeiten der Kleinen. Schönheit liegt dabei im Auge des Betrachters. In jedem Fall setzt hier das Kind die Maßstäbe!

Kinder haben meistens noch nicht die Ausdauer, die Eltern sich vorstellen und wünschen. Daher muss eine Bastelaktion immer als Angebot gesehen werden. Wie lange Kinder bei einer Aktion aktiv bleiben, ist sehr unterschiedlich. Handelt es sich um ein individuelles Werk, dann bestimmt das Kind das Ende der Bastelaktion. Je nach Status Quo wird das Werk dann bereits als fertig akzeptiert und ausgestellt oder es wird zu einem anderen Zeitpunkt daran weiter gearbeitet. Erstellen mehrere Kinder ein gemeinsames Projekt, beschäftigen sich manche Kinder schon mit anderen Dingen, während die übrigen Kinder die Bastelaktion abschließen. Ein gemeinsames Bastelprojekt stärkt dabei das Gruppengefühl und macht allen viel Spaß, sodass sich die Kinder gegenseitig motivieren und länger bei der Sache bleiben.

Die Auswahl einer Bastelidee sollte sich am Jahresverlauf orientieren. Für das Basteln innerhalb von Spielgruppen ist es sinnvoll, wenn sich das gebastelte Objekt in die Stunde einfügt, damit die Kinder einen inhaltlichen Bezug herstellen können. Deshalb finden sich bei den meisten Bastelaktionen Verweise auf Spiellieder und Verse. Anlass einer Bastelarbeit kann aber auch das Herstellen eines selbst gemachten Geschenks sein (s. S. 119 „Bilderrahmenverzierung" oder S. 118 „Auffädelspiele").

Fast alle Aktionen sind ohne großen Aufwand für eine Gruppe durchführbar. Es bedarf lediglich einer geringen Organisation des Bastelmaterials. Die notwendigen Materialien und Vorbereitungen sind bei allen Bastelideen übersichtlich aufgeführt. Bei Arbeiten mit Farbe oder Kleister empfiehlt sich als Kleidungsschutz ein altes T-Shirt von Mama oder Papa, das am Rücken mit zwei Wäscheklammern gerafft wird.

Auffädelspiele

Alter: ab 15 Monaten
Material: Nylonfaden, Schere, Rigatoni; evtl. Penne rigate, Froot Loops, Strohhalme, dicke Holzperlen, Hutgummi, kleine Glitzerperlen, dünner Draht

Vorbereitung:
Für jedes Kind wird ein ca. 30 cm langer Nylonfaden abgeschnitten.

Durchführung:
Die Kinder fädeln die Nudeln auf den Faden auf. Die beiden Enden des Fadens werden gut verknotet und in eine Nudel verschoben.

Varianten für ältere Kinder

- **ab 18 Monaten** fädeln die Kinder Penne rigate oder Froot Loops zu einer Kette auf,
- **ab 20 Monaten** ca. 3 cm lange Strohhalmstücke und
- **ab 30 Monaten** dicke Holzperlen. Werden diese auf ein dickeres Hutgummi gefädelt, entsteht ein hübsches Haargummi.
- Ebenfalls **ab 30 Monaten** können die Kinder kleine Glitzerperlen auf einen dünnen Draht fädeln, sodass ein hübscher Serviettenring entsteht.

Herbstbaum

Alter: ab 15 Monaten
Material: braunes Tonpapier, Schere, 1 weißes DIN A4 Blatt pro Kind, 1 dicker schwarzer Filzstift, Tapetenkleister, Pinsel, buntes Herbstlaub

Vorbereitung:
Aus dem braunen Tonpapier wird für jedes Kind ein Baumstamm ausgeschnitten und auf das weiße Papier geklebt.
Mit dem schwarzen Filzstift wird darüber der Umriss einer Baumkrone gezeichnet.

Durchführung:
Die Kinder pinseln die Baumkrone mit Tapetenkleister ein.
Sie drücken das Herbstlaub auf den Kleister, sodass ein bunter Herbstbaum entsteht.

→ S. 106 „Der Herbstwind"

Kerzenverzierung

Alter: ab 15 Monaten
Material: verschiedenfarbige Wachsplatten, kleine Ausstechformen, 1 Kerze pro Kind

Die Kinder stanzen mit den Ausstechformen kleine Motive aus den Wachsplatten aus.
Die Motive können ganz leicht von ihrem Papier abgezogen und als Verzierung an der Kerze festgedrückt werden.

Hinweis: Je nach Ausstechformen entstehen so Weihnachts-, Oster-, Mutter- oder Vatertagskerzen.

→ S. 55 „Geburtstagskerzen"

Sterne

Alter: ab 15 Monaten

Material: schwarzes Kartonpapier, Butterbrotpapier, Schere, Transparentpapier, Tapetenkleister, Pinsel, Klebestift; evtl. transparente Selbstklebefolie

Vorbereitung:

Aus dem schwarzen Kartonpapier wird für jedes Kind ein Sternenrand nach der Vorlage ausgeschnitten.

Das Butterbrotpapier wird in Quadrate geschnitten, die den Stern vollständig bedecken.

Durchführung:

Die Kinder zerreißen das Transparentpapier in kleine Stücke.

Das Butterbrotpapier wird mit dem Tapetenkleister bepinselt und die Papierschnipsel darauf geklebt.

Der Sternenrand wird mit Klebstoff auf das bunte Bild geklebt und das über den Sternenrand hinaus stehende Papier abgeschnitten.

Variante ab 24 Monaten

Die Kinder kleben die Papierschnipsel auf transparente Selbstklebefolie.

➜ S. 103 „Sternenhimmel"

Bilderrahmenverzierung

Alter: ab 18 Monaten

Material: 1 Holzbilderrahmen (natur) pro Kind, verschiedene Plakafarben, Pinsel, bunte Mosaiksteinchen, Klebstoff

Vorbereitung:

Das Glas aus jedem Bilderrahmen herausnehmen und erst wieder einsetzen, wenn die Kinder mit dem Malen fertig sind.

Durchführung:

Die Kinder malen den Bilderrahmen mit den Plakafarben an.

Ist die Farbe getrocknet, werden die bunten Mosaiksteinchen auf den Rahmen geklebt.

Zauberstab

Alter: ab 18 Monaten
Material: 1 leeres Plastikröhrchen pro Kind (z.B. Kuchendekorationsartikel), Glitterpulver und Glitzersternchen, farblose Seife, farbiges Klebeband

Durchführung:

Die Kinder füllen die Sternchen und das Glitterpulver in das Plastikröhrchen (ca. 1/6 des Glases sollte damit gefüllt sein).

Das Röhrchen wird zu 2/3 mit Wasser aufgefüllt und ein winziger Tropfen Seife hinzu gegeben, um Schlierenbildung zu verhindern (Achtung: bei zu viel Seife beginnt das Wasser zu schäumen!)

Zum Schluss wird das Röhrchen mit dem Stopfen gut verschlossen und der äußere Rand mit farbigem Klebeband abgedichtet.

Sonne

Alter: ab 18 Monaten
Material: gelbes Kartonpapier, Zirkel, Schere, roter Buntstift, Wäscheklammern aus Holz, gelbe und orangefarbene Plakafarbe, Pinsel

Vorbereitung:

Aus dem Kartonpapier wird ein Kreis mit 22 cm Ø ausgeschnitten.

Darauf wird mit einem roten Buntstift ein Gesicht gemalt.

Durchführung:

Die Kinder malen die Wäscheklammern mit der gelben und orangefarbenen Plakafarbe an.

Die Wäscheklammern werden als Strahlen um den Rand der vorbereiteten Sonne geklemmt.

Farbenspiel

Alter: ab 18 Monaten
Material: 1 kleine Schale pro Kind, feiner, weißer Zucker, Esslöffel, verschieden-farbige Straßenkreide, 1 kleines Gläs-chen mit Schraubdeckel pro Kind, 1 Teelöffel pro Kind, Trichter

Jedes Kind erhält 2 bis 3 Esslöffel Zucker in sein Schälchen.

Die Kinder rühren mit einem farbigen Kreidestück im Zucker herum.

Die gefärbten Kristalle werden mithilfe von Teelöffel und Trichter in das Glas gefüllt.

Dieser Vorgang wird so oft wiederholt, dass das Glas am Ende mit vielen unterschiedlichen Farbschichten gefüllt ist.

Regenschirme

Alter: ab 18 Monaten
Material: 1 weiße Filtertüte pro Kind, Schere, 1 Strohhalm (an einer Seite abknickbar) pro Kind, Wasserfarben, Pinsel, Klebestift

Vorbereitung:

Für jedes Kind aus einer Filtertüte den Regenschirm nach der Vorlage ausschneiden, sodass zwei Schirmhälften entstehen.

Die Strohhalme um ca. ein Drittel kürzen.

Durchführung:

Die Kinder tragen mit dem Pinsel und viel Wasser die Wasserfarben auf die Filtertütenschirme auf.

Sind die Filtertüten trocken, wird auf die beiden Schirminnenseiten Klebstoff aufgetragen und diese mit dem Strohhalm in der Mitte zusammengeklebt (s. Abbildung).

→ S. 44 „Regen, Regen, tropf, tropf, tropf"

Drachen

Alter: ab 18 Monaten
Material: weißer Tonkarton, Schere, Locher,
Krepppapier, weiche Wachsmalstifte,
Wackelaugen, Klebstoff, Hosengum-
miband, Tacker

Vorbereitung:
Für jedes Kind aus dem weißen Tonkarton nach der
Vorlage einen Drachen ausschneiden und auf Höhe
der seitlichen Spitzen je ein Loch hinein stanzen.
Pro Kind einen Krepppapierstreifen von ca. 1,5 cm
Breite und 6 cm Länge zurecht schneiden.

Durchführung:
Die Kinder malen ihren Drachen an und kleben die
Wackelaugen auf.
Das Gummiband wird durch die Löcher gezogen
und verknotet, sodass der Drachen an einer Hand
des Kindes befestigt werden kann.
Den Krepppapierstreifen an der unteren Spitze des
Drachens fest tackern.

➜ S. 59 „Drachen fliegen"

Brauner Bär

Alter: ab 18 Monaten
Material: dunkelbraunes Tonpapier, Schere,
schwarzer Filzstift, dicke Wolle in
Brauntönen, Kleister, hellbraunes DIN
A2 Tonpapier; evtl. gelbe Federn,
schwarzer Filz

Vorbereitung:
Für jedes Kind wird nach der Vorlage ein Bär aus
dem dunkelbraunen Tonpapier ausgeschnitten
und ein Gesicht darauf gemalt.

Durchführung:
Die Kinder schneiden die Wolle in kurze Fäden und
kleben diese auf die Papierbären.
Alle Tiere werden auf das große, hellbraune Tonpapier geklebt.

Varianten

- Nach der Vorlage werden Vögel ausgeschnitten
  und mit gelben Federn beklebt.
- Ein Kater erhält sein schwarzes Fell durch ein
  Stück Filz.

➜ S. 68 „Oh weh"

Weihnachtsbaum

Alter: ab 18 Monaten
Material: DIN A3 Pappe, Schere, Pinsel, tannen-
grüne Plakafarbe, Streudekoration in
weihnachtlichen Motiven; evtl. tan-
nengrünes Tonpapier, Weihnachtsaufkleber (Sterne etc.)

Vorbereitung:
Für eine Gruppenarbeit wird aus der Pappe ein
großer Tannenbaum ausgeschnitten.
Für Einzelarbeiten erhält jedes Kind einen eigenen
Tannenbaum.

Durchführung:
Die Kinder bemalen den Tannenbaum mit der grü-
nen Plakafarbe und drücken die Streudekoration
darauf. Die Teile halten, sobald die Farbe getrocknet ist.

Variante

Ein Weihnachtsbaum wird aus tannengrünem Tonpapier ausgeschnitten. Darauf kleben die Kinder
Weihnachtsaufkleber.

→ S. 86 „Tanzlied zu Weihnachten"

Mobile der kleinen Geister

Alter: ab 18 Monaten
Material: kleine Holz- oder Styroporkugeln mit
Loch, weiße Federn, Nylonfaden, ein
Aststück; evtl. Silberspray

Für die Geister stecken die Kinder durch jede Ku-
gel eine Feder, sodass oben ein kleines Stück des
Federstiels herausragt.
An jedem Federstiel wird ein Stück Nylonfaden be-
festigt und alle Geister werden mit den Fäden am
Aststück aufgehängt.
Der Ast kann mit Silberspray verziert werden.

→ S. 52 „Fünf kleine Geister"

Tulpen

Alter: ab 24 Monaten
Material: Eierkartons, Schere, Plakafarbe, Pin-
sel, Glitzerpulver, 1 Strohhalm pro
Kind, Klebeband

Vorbereitung:
Für jedes Kind wird eine Spitze des Eierkarton-
inneren ausgeschnitten.

Durchführung:
Die Kinder malen die Eierkartonblüte an und streu-
en das Glitzerpulver darüber.
In den Boden der Blüte wird ein Loch geschnitten
und der Strohhalm als Blumenstängel durchge-
steckt.
Mit etwas Klebeband wird der Strohhalm fixiert.

→ S. 77 „Frühlingsanfang"

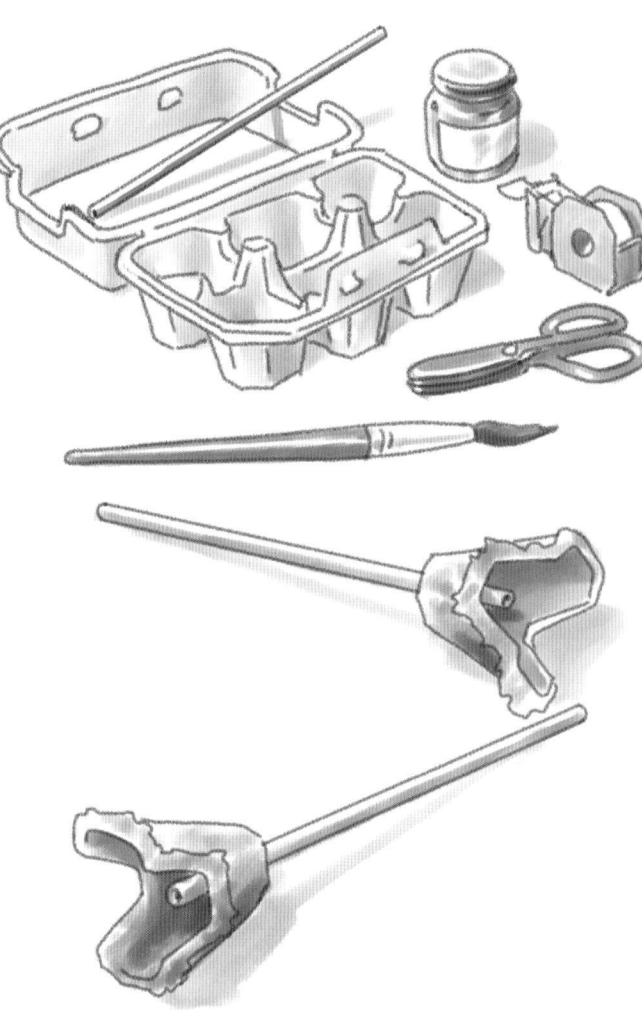

Giraffen

Alter: ab 24 Monaten

Material: gelbes Kartonpapier, Schere, 3 natur-
farbene Holzwäscheklammern pro
Kind, gelbe Plakafarbe, Pinsel, braune
Fingerfarbe, Klebestift

Vorbereitung:

Aus dem gelben Kartonpapier werden nach der
Vorlage pro Kind ein Giraffenkopf und -körper ausgeschnitten.

Durchführung:

Die Kinder bemalen die Wäscheklammern mit gel-
ber Farbe.

Ist die Farbe getrocknet, tauchen sie einen Finger
in die braune Farbe und machen damit auf dem Giraffenkörper und den Wäscheklammern braune
Tupfen.

Unten an dem Giraffenkörper werden zwei Klam-
mern als Beine befestigt. Die dritte Klammer stellt
den Hals dar und wird oben an den Körper ge-
klammert (s. Abbildung).

Der Kopf wird am anderen Ende der dritten Klammer festgeklebt.

→ S. 55 „Fünf Tiere"

Bienen

Alter: ab 30 Monaten

Material: Butterbrotpapier, Schere, gelbe und
braune Pfeifenputzer; evtl. durchsich-
tiger Nylonfaden

Vorbereitung:

Für jedes Kind wird je ein 5 cm langes Stück gel-
ber und brauner Pfeifenputzer abgeschnitten und
ein Flügelpaar aus Butterbrotpapier (s. Abbildung).

Durchführung:

Das Flügelpaar wird auf den gelben Pfeifenputzer
gelegt, der braune Pfeifenputzer kommt darüber.
Die Kinder verdrehen die Pfeifenputzerteile miteinander, sodass eine kleine Biene entsteht.

Hinweis: Wird durch die Biene ein Faden gezogen, kann sie daran durch den Raum fliegen.

→ S. 104 „Es war einmal ein Bienenschwarm"

Bild einer kalten Winternacht

Alter: ab 24 Monaten

Material: verschiedenfarbiges Kartonpapier (gelb, dunkelbraun, grau und rotbraun), Schere, Klebekissen, 1 leere Frischkäseschachtel pro Kind, feines Schmirgelpapier oder Haftprimer, blaue Farbe, Pinsel, Watte, Sternchennudeln

Vorbereitung:

Für jedes Kind wird nach der Vorlage ein Mond (gelb), ein Bär (dunkelbraun), ein Hase (grau) und/oder ein Fuchs (rotbraun) ausgeschnitten.

Auf der Rückseite wird jeweils ein Klebekissen befestigt.

Damit die Farbe am Boden der Käseschachtel besser hält, muss diese je nach Fabrikat innen mit feinem Schmirgelpapier aufgeraut oder mit einem Haftprimer grundiert werden.

Durchführung:

Die Kinder bemalen das Innere der Käseschachtel mit reichlich blauer Farbe.

Sie drücken ein wenig Watte als Wolken und die Nudeln als Sterne auf die noch nasse Farbe.

Ist die Farbe getrocknet, werden der Mond am Himmel und die Tiere auf dem Boden der aufgestellten Schachtel befestigt und der Deckel wieder darauf gedrückt.

→ S. 108 „Eine kalte Winternacht"

Bunte Fische

Alter: ab 30 Monaten

Material: schwarzes Tonpapier, Schere, Buntpapier, feuchtes Schwammtuch, Klebestift, 1 Bogen blaues Tonpapier (DIN A2)

Vorbereitung:

Aus dem schwarzen Tonpapier wird für jedes Kind ein Fisch ausgeschnitten.

Durchführung:

Die Kinder zerreißen das Buntpapier in viele kleine Stücke.

Jedes Papierstück wird auf das feuchte Schwammtuch gedrückt und auf den Fisch geklebt.

Die fertigen Fische werden mit dem Klebestift auf das blaue Tonpapier geklebt.

→ S. 116 „Lied der Fische" / S. 59 „Ein kleiner Fisch schwimmt hin und her"

Anhang

Register

Lieder

Auf dem Reitturnier 38
Auf dem Rummel ⊚ Nr. 13 64
Bücken und Strecken 67
Bunte Tücher 66
Das kleine Rad 85
Der Ball 111
Der Schmetterling ⊚ Nr. 9 76
Die Beinchen fahren Rad 31
Eine Schlange ⊚ Nr. 17 83
Eine Trommel will was sagen 95
Einmal drehen 81
Fünf kleine Zappelfinger 42
Füße gehen wandern 32
Guten Tag 24
Hört ihr die Trommel? 94
Ich bin da, du bist da 22
Ich hab' 'nen Ball 89
Ich habe zwei Augen 45
Indianer machen heut' Musik 97
Jeder tanzt wie er will ⊚ Nr. 15 ...74
Karussellfahrt 62
Klanghölzer klopft 100
Klang-Klang-Klanghölzer 101
Kleines Glöckchen 98
Kommt her, kommt her 87
Kommt, ich lad' euch alle ein ⊚ Nr. 2 ...26
Konzertprobe ⊚ Nr. 12 102
Kuschellied ⊚ Nr. 20 110
Lasst uns reiten durch die Welt 37
Lauft, Finger, lauft! ⊚ Nr. 4 40
Lied der Fische 116
Mein kleines Pferd ⊚ Nr. 3 36
Meine Arme nehm' ich hoch ⊚ Nr. 7 ...48
Mit flacher Hand 96
Mit meinem kleinen Glöckchen 99
Oh weh 68
Pinke Pank, der Schmied ist krank 33
Reiten und Schaukeln 35
Schaukellied 113

Schwaps, der Goldfisch ⊚ Nr. 8 82
Seifenblasen ⊚ Nr. 18 114
Streichellied 112
Tanz mit mir ⊚ Nr. 11 84
Tanzlied zu Weihnachten 86
Tripp, trapp 88
Unser Spiel, das fängt jetzt an 25
Von den Füßen bis zum Kopf 41
Vorwärts, rückwärts, Seite, steh'n 65
Was können deine Hände alles 43
Weißt du, was die Papas machen? ⊚ Nr. 6 ...46
Wenn du mich einlädst 71
Wenn ich müde bin 70
Wie schön ist das für mich 63
Wir fliegen ⊚ Nr. 14 72
Wir hören in die Stille 115
Wir spielen hier 28
Ziehet durch 90
Ziehharmonika 80
Zugfahrt nach Trier ⊚ Nr. 19 91

Verse

Ameisen flitzen 50
Auf den Füßen tupfen wir 43
Auf Mückenjagd 78
Das Picknick 107
Der Bauer holt die Ernte ein 36
Der Elefant 104
Der Herbstwind 106
Der Specht 104
Der Weihnachtsmann 38
Die Kuckucksuhr 33
Die Raupe wird erwachsen 58
Drachen fliegen 59
Dreh die Hände 47
Ei, wer kommt denn da daher? 51
Ein kleiner Fisch schwimmt hin und her ...59
Ein kleiner Flegel 104

Eine Feder streichelt dich....................47
Eine kalte Winternacht........................108
Elise geht spazieren 53
Es war einmal ein Bienenschwarm..............104
Faschingsball...................................56
Finger Hups und Nase Stups 45
Finger spielen 52
Frau Holle......................................51
Friedhelm ist ein großer Bär 105
Froschsprache 103
Frühlingsanfang 77
Fünf kleine Geister 52
Fünf Tiere 55
Ganz viel Schnee................................44
Geburtstagskerzen 55
Gestern war ich auf dem Spielplatz..............54
Gewitter..107
Herr Pinz und Herr Panz 30
Im Schloss......................................106
In einem kleinen Häuschen.......................57

Kawumm! 106
Oben wächst mein Haar 41
Obstsalat 50
Osterhasen hoppeln wieder 35
Osterhasen hüpfen übers Gras 54
Radeln ist der Hit!.............................33
Regen, Regen, tropf, tropf, tropf...............44
Regenpfützen....................................55
Schlittenfahrt 34
Schneegestöber 44
Spaziergang 57
Sternenhimmel 103
Tanz um Mitternacht 105
Tief unten im Meer..............................108
Turmbau 53
Versteckspiel...................................53
Was gibt's heute in der Küche? 60
Weihnachtszeit 50
Wir segeln heut' übers weite Meer 34
Wo sind die Finger? 52

Die Autorinnen

Elke Gulden, Tanzpädagogin und staatl. gepr. Gymnastiklehrerin, hat ihre Ausbildung am „Kieler Institut für Gymnastik und Tanz" mit dem Schwerpunkt „Gymnastik, Tanz und Musik" absolviert. Sie unterrichtet seit vielen Jahren intensiv in den Bereichen „Musikalische Früherziehung" und „Kreativer Kindertanz" im In- und Ausland und ist Autorin des Programms „Sing and Move". Ihre Erfahrungen aus der Praxis gibt sie regelmäßig in Seminaren weiter.

Bettina Scheer hat aus ihrer Praxiserfahrung in der Spiel- und Musikgruppenarbeit das Konzept „Abenteuer: Sinne!" entwickelt. Sie bietet musikalische und motorische Früherziehung sowie Seminare in diesen Bereichen an.

Der Illustrator

Mile Penava, geb. 1963 in Kroatien, lebt seit 1992 in Deutschland. Er studierte Anglistik und Germanistik in Sarajevo. Schon als Jugendlicher zeichnete er Comics und Karikaturen. Gegenwärtig zeichnet er Karikaturen und Illustrationen für verschiedene Verlage.

...und dazu der Tonträger von Ralf Kiwit, Elke Gulden, Bettina Scheer

Singzwerge & Krabbelmäuse
Kleine Kinder spielend bewegen mit Musik -
für Eltern-Kind-Gruppen, Musikgarten, Krippen und zu Hause

Gemeinsam singen, tanzen, spielen, das macht Kindern besonders viel Spaß. Ob zu Hause mit den Eltern oder im großen Spielgruppenkreis - mit schwungvollen Liedern und lustigen Spielanregungen lassen sich bereits Kleinkinder ab sechs Monaten begeistern. Die CD präsentiert eine Auswahl der schönsten Lieder aus dem gleichnamigen Buch: Da gibt es Begrüßungs- und Abschiedslieder, Lieder zu Finger- und Kreisspielen, Tanz-, Bewegungs- und Ruhelieder. Kinder und Erwachsene entdecken ebenso viele neue Melodien wie „alte Bekannte", versehen mit neuen Texten, die zum Mitsingen und Mitspielen anregen. Alle Stücke sind speziell für Kinder im Musikgartenalter ausgesucht und arrangiert. Sowohl die Texte als auch die Rhythmen und Melodien bestechen durch ihre Einfachheit und bieten einen deutlichen Gegenpol zu überfüllten Arrangements mancher Kindermusik-Produktionen. Hier werden Kinder vielmehr an das Hören von Musik herangeführt und zu aktivem Mitmachen ermutigt. So sind in den luftigen Arrangements die führenden Instrumente immer leicht herauszuhören. Die warmen Klangfarben sorgfältig eingespielter Naturinstrumente lassen die Lieder besonders lebendig erscheinen. So wird Kindern Spaß an Musik und Bewegung vermittelt, am Singen, Mitmachen oder einfach nur am Zuhören.

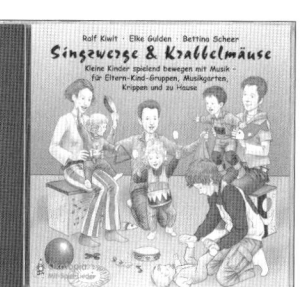

ISBN 978-3-936286-37-3

Kinder begeistern ...
mit Liedern, Tänzen und Geschichten aus dem Ökotopia Verlag

Kinder einer Welt
Die schönsten Kinderlieder aus aller Welt

Eine musikalische Weltreise für Groß und Klein! Landestypische Instrumente, vielfältige Rhythmen und ungewohnte Melodien führen akustisch auf die Spuren anderer Kulturen und wecken auf spielerische Weise kindlichen Entdeckergeist.
ISBN (CD): 978-3-936286-91-5

Kinder kommen zur Ruhe
Die schönsten Melodien zum Entspannen, Einschlafen und Träumen

Entspannungsmusiken für Kinder stimmig zusammengestellt. Sie sind fast alle instrumental produziert, können also einfach zur Ruhe gehört werden. Eine Anleitung im Booklet gibt zusätzliche Anregungen.
ISBN (CD) 978-3-936286-92-2

Kinder kommen in Bewegung
Die schönsten Lieder zum Toben, Tanzen und Bewegen

Eine bunte Zusammenstellung der schönsten Bewegungslieder. Nicht nur in Kita und Grundschule, sondern auch im Kinderzimmer darf laut gesungen, wild getanzt, gehüpft und gesprungen werden!
ISBN (CD): 978-3-86702-009-1

Kinder kommen in Stimmung
Die schönsten Lieder zum Feiern, Bewegen und Ausgelassensein

Eine beschwingte Sammlung von Partyknüllern: Lieder, die schnell mitgesungen werden, Lieder zu bestimmten Anlässen, Spiellieder oder Lieder zum Tanzen, sich Bewegen und Rappen und viele mehr.
ISBN (CD): 978-3-86702-024-4

Lieder für kleine Kinder
Die schönsten Lieder für die Kleinsten

Eine wunderschöne Zusammenstellung für jeden Anlass. Einfache Texte und kindgerechte Arrangements motivieren die Kleinsten zum Mitmachen und Bewegen.

ISBN (CD) 978-3-86702-091-6

Weltmusik für Kinder

Lieder zum Thema aus dem Repertoire der Gruppe „Karibuni" um Pit Budde und Josephine Kronfli mit Liedern aus allen Erdteilen. Alle Lieder sind in den Originalsprachen und der deutschen Übertragung in leicht sing- und spielbarer Form mit Noten und Gitarrengriffen notiert. ISBN (CD): 978-3-86702-081-7
Und dazu das Liederbuch ISBN (Buch): 978-3-86702-080-0